图书在版编目(CIP)数据

儒学经典 / 吕友仁等注译. -- 郑州 : 中州古籍出版社, 2012.9
（国学典藏）
ISBN 978-7-5348-3883-5

Ⅰ.①儒… Ⅱ.①吕… Ⅲ.①儒学 Ⅳ.①B222

中国版本图书馆 CIP 数据核字(2012)第 146781 号

国学典藏—儒学经典

出 版 社: 中州古籍出版社
齊魯書社
发行单位: 新华书店
承印单位: 山东齐鲁古籍印务有限公司
开　　本: 880mm×1230mm　1/16　**印　　张**: 247.75
字　　数: 845 千字　**印　　数**: 2000 册
版　　次: 2012 年 9 月第 1 版　**印　　次**: 2012 年 9 月第 1 次印刷

定价: 1424.00 元(一函十一卷)
本书如有印装质量问题,由承印厂负责调换,电话:0539-2216386。

荀子

卷壹（共叁卷）

目録

勸學篇第一……一
修身篇第二……一二
不苟篇第三……二四
榮辱篇第四……三七
非相篇第五……五四
非十二子篇第六……六九
仲尼篇第七……八〇
儒效篇第八……八八
王制篇第九……一一六
富國篇第十……一四六
王霸篇第十一……一七三
君道篇第十二……二〇六
臣道篇第十三……二三三
致士篇第十四……二四五
議兵篇第十五……二五二
彊國篇第十六……二七八
天論篇第十七……二九六
正論篇第十八……三一〇
禮論篇第十九……三三七
樂論篇第二十……三六七
解蔽篇第二十一……三七九
正名篇第二十二……四〇〇
性惡篇第二十三……四〇二
君子篇第二十四……四四一

【原文】

勸學篇第一

君子曰：學不可以已。青，取之於藍而青於藍；冰，水爲之而寒於水。木直中繩，輮以爲輪，其曲中規，雖有槁暴，不復挺者，輮使之然也。故木受繩則直，金就礪則利，君子博學而日參省乎己，則知明而行無過矣。故不登高山，不知天之高也；不臨深谿，不知地之厚也；不聞先王之遺言，不知學問之大也。干、越、夷、貉之子，生而同聲，長而異俗，教使之然也。《詩》曰：「嗟爾君子，無恆安息。靖共爾位，好是正直。神之聽之，介爾景福。」神莫大於化道，福莫長於無禍。

【译文】

君子认为，学习是一件永恒的事业。青出于蓝而胜于蓝，冰来于水而寒于水。坚直的木材，使它弯曲，就成了可以用圆规测度的轮子；再经风刮日晒而不再恢复它的坚直，那是因为经过了輮的加工。所以，木材加之绳墨就是一条直线，金属经过磨砺就会变得锋利；君子博学多识却每天反省自己，结果就会理性清明而行为无大过错。不登高山，不知道天高；不临深谷，不知道地厚；没听说过先王的遗言，不知道学问之大。吴越和东北的孩子们，生下来都是同样的哭声，长大之后，由于环境不同而风俗迥异，这就是教育的结果。《诗经》上说：「你们要想做

君子哟，永远不要图安逸。好生做好自家事，做人就要做正直。敬若神明听教导，那是你的大福分！」最伟大的神明是大化之道，最经得起考验的幸福是远避祸事。

【原文】

吾嘗終日而思矣，不如須臾之所學也；吾嘗跂而望矣，不如登高之博見也。登高而招，臂非加長也，而見者遠；順風而呼，聲非加疾也，而聞者彰。假輿馬者，非利足也，而致千里；假舟檝者，非能水也，而絕江河。君子生非異也，善假於物也。

【译文】

我曾经昼思夜想苦思索，发现不如学习片刻的收获大。我曾经踮起脚尖翘首企望，发现不如登高所见之广远。登高招手，你的胳膊并没有加长，而远方的人能够看得见；顺风呼喊，声调并没有加高，而远方的人却听得清。借用车马，双脚还是原来的双脚，却走得又快又远；借用舟船，你并没有训练水性，却可以渡过江河。君子并不是生来就和人不同，只不过是善于借用工具的力量罢了。

【原文】

南方有鳥焉，名曰蒙鳩，以羽爲巢，而編之以髮，繫之葦苕，風至苕折，卵破子死。巢非不完也，所繫者然也。西方有木焉，名曰射干，莖長四寸，

生於高山之上而臨百仞之淵，木莖非能長也，所立者然也。蓬生麻中，不扶而直；白沙在涅，與之俱黑。蘭槐之根是爲芷，其漸之滫，君子不近，庶人不服。其質非不美也，所漸者然也。故君子居必擇鄉，遊必就士，所以防邪辟而近中正也。

【译文】

南方有一种鸟，名叫蒙鸠。它用自己的羽毛搭建成巢，用自己的头发精细编织；但由于它的鸟巢搭建在芦苇上，风起芦折，卵破子死。并不是它的巢搭得不好，而是它搭建的地方不对。西方有一种树，名叫射干，树茎四寸，生在高山之上，身临百丈深渊，显得非常高大。其实并不是它的树茎高大，而是它长得是地方。蓬草生在麻中，不扶而直；白沙陷在泥沼，与泥一起变黑。兰槐的根像白芷，如果泡在臭泔水中，那就会使得君子不愿接近，百姓不愿服用。那并不是兰槐的根味道不好，而是在臭泔水中浸泡的结果。君子安家要选择乡邻，游学要接近好先生，之所以这样，就是为了防止淫邪怪僻而接近中道正直。

【原文】

物類之起，必有所始。榮辱之來，必象其德。肉腐出蟲，魚枯生蠹。怠慢忘身，禍災乃作。强自取柱，柔自取束。邪穢在身，怨之所構。施薪若一，火就燥也；平地若一，水就溼也。草木疇生，禽獸羣焉，物各從其

類也。是故質的張而弓矢至焉，林木茂而斧斤至焉，樹成蔭而衆鳥息焉，醯酸而蜹聚焉。故言有召禍也，行有招辱也，君子慎其所立乎！

【译文】

分为种类的事物都有一个开端，赢得荣耀或耻辱也有他自身的内在德性根源。肉腐烂了才会生出蛆虫，鱼干死后才会生出蛀虫。玩忽职守而忘记了自己的身份，就会给自己带来灾祸。坚强的东西自然成了柱石，柔弱的东西自然成了腰带。身上有淫邪污秽之气，招惹上怨恨也就不足为奇。柴加得再匀，火仍然要紧着干的烧，地弄得再平，水仍会先往湿处走。草木以类相生，禽兽以类相聚，因为物本来就是各从其类的。所以，只要你张开靶的就会引来弓箭，林木茂盛自然就会招来砍伐，绿树成荫众鸟自然栖息其上，醋发了馊蚋虫自然汇聚其中。因此之故，说话会招来灾祸，做事会招惹屈辱，君子立身于世是要谨慎的呀！

【原文】

積土成山，風雨興焉；積水成淵，蛟龍生焉；積善成德，而神明自得，聖心備焉。故不積蹞步，無以至千里；不積小流，無以成江海。騏驥一躍，不能十步；駑馬十駕，功在不舍。鍥而舍之，朽木不折；鍥而不舍，金石可鏤。螾無爪牙之利，筋骨之彊，上食埃土，下飲黃泉，用心一也。蟹六跪而二螯，非蛇蟺之穴無可寄託者，用心躁也。是故無冥冥之志者無

昭昭之明，無惛惛之事者無赫赫之功。行衢道者不至，事兩君者不容。目不能兩視而明，耳不能兩聽而聰。螣蛇無足而飛，梧鼠五技而窮。《詩》曰：「尸鳩在桑，其子七兮。淑人君子，其儀一兮。其儀一兮，心如結兮。」故君子結於一也。

【译文】

积土成山，自会起风雨；积水成渊，当可生蛟龙；积善成德，神明就在你心中，人变得聪明睿智，自然就会成贤成圣。脚都不愿抬，难以至千里；不愿积小流，无以成江海。再好的马，也不能一跃十步；笨马持续努力，仍会取得成功。雕刻中道而废，朽木也难弄断；你若锲而不舍，金石亦可镂空。蚯蚓无爪牙之利，筋骨之强，仍能上吃埃土，下饮黄泉，是因为它用心专一。螃蟹张牙舞爪，不借助鲇鳝的窝便没有容身之所，是因为它心浮气躁。所以，如果没有坚执隐忍的志欲，就难以大彻大悟；没有不计成败得失而坚持做下去的决心，就不会功成名就。站在十字路口左右徘徊，永远不能到达终点，一条心却服事两个君主，就一定会在哪儿都难以见容。眼睛不能同时看清楚两个地方，耳朵不能同时听清楚两种声音。螣蛇无足却可飞腾，梧鼠有技终归困穷。《诗经》上说：「布谷落在桑树上，领着七个雏儿飞。贤良君子，心底纯一。心底纯一，心里有底。」所以，君子忠诚于一定的事业。

【原文】

昔者瓠巴鼓瑟而流魚出聽，伯牙鼓琴而六馬仰秣。故聲無小而不聞，行無隱而不形；玉在山而草木潤，淵生珠而崖不枯。爲善不積邪，安有不聞者乎？

【译文】

据说以前瓠巴鼓瑟，河里的鱼都出来倾听；伯牙弹琴，导致六匹骏马昂首长嘶。所以，音乐无低回缓转不动听，行为无隐忍坚执不扬名；山中有玉草木润，深渊有珠石不枯。怕的是做善事而不能坚持，哪有坚持下去而不被人称颂的道理呢？

【原文】

學惡乎始？惡乎終？曰：其數則始乎誦經，終乎讀禮；其義則始乎爲士，終乎爲聖人。真積力久則入，學至乎没而後止也。故學數有終，若其義則不可須臾舍也。爲之，人也；舍之，禽獸也。故《書》者，政事之紀也；《詩》者，中聲之所止也；《禮》者，法之大分，類之綱紀也，故學至乎《禮》而止矣。夫是之謂道德之極。《禮》之敬文也，《樂》之中和也，《詩》、《書》之博也，《春秋》之微也，在天地之間者畢矣。

【译文】

学问从哪里开始，到什么境界算完？我认为：按次序应该从读经开始，至习礼的境界算完；因为为人之道，要以士人为起点，以圣人为完善。只有真正致力于学问的人才可以登堂入室。学问是直到老死才算完的呀！虽说学问的做法有次序，理解真义却要终生锲而不舍地去揣摩。致力于学问，有可能成就一个人；否则，就可能沦落为禽兽。《书经》，是政事的记载；《诗经》，是话语的终结；《礼经》，则可以说是法制的根本，人类的纲纪。所以说，学问是要到了理解了《礼经》的意义之后才可以说是到了深入的境界，因为礼义正是道德的极致之处。如果懂得了礼义要的是恭敬，音乐要的是和谐，诗、书是为了增广见闻，春秋经所蕴涵的微言大义，对天地间的事事物物也就可以说是大致理解了。

【原文】

君子之學也，入乎耳，箸乎心，布乎四體，形乎動靜。端而言，蝡而動，一可以爲法則。小人之學也，入乎耳，出乎口。口耳之閒則四寸耳，曷足以美七尺之軀哉！古之學者爲己，今之學者爲人。君子之學也，以美其身；小人之學也，以爲禽犢。故不問而告謂之傲，問一而告二謂之囋。傲，非也；囋，非也；君子如嚮矣。

【译文】

君子做学问，要听在耳朵里，进入大脑中，落实在行动上，动静皆得体；这样就举手投足，都可以为法则。小人做学问，耳朵进去，嘴里出来。嘴巴和耳朵之间，不就是四寸的距离么，怎么可以美善他的七尺之躯呢？古代的学者是为自己的德性而学，现在的许多学者是为给人看着有学问而学。君子为学，是为了完善自己的道德情操；小人为学，是为了一己的利欲冲动。所以，对于先生来讲，不求问而教导人家可以说是倨傲，问一理而说两条可以说是卖弄。倨傲，不好，卖弄，也不好。君子教人应该像音响的回声一样，是反弹回来的。

【原文】

學莫便乎近其人。《禮》、《樂》法而不說，《詩》、《書》故而不切，《春秋》約而不速。方其人之習君子之說，則尊以偏矣，周於世矣。故曰學莫便乎近其人。學之經莫速乎好其人，隆禮次之。上不能好其人，下不能隆禮，安特將學雜識志，順《詩》、《書》而已耳，則末世窮年，不免爲陋儒而已。將原先王，本仁義，則禮正其經緯蹊徑也。若挈裘領，詘五指而頓之，順者不可勝數也。不道禮憲，以《詩》、《書》爲之，譬之猶以指測河也，以戈舂黍也，以錐飡壺也，不可以得之矣。故隆禮，雖未明，法士也；不隆禮，雖察辯，散儒也。

【译文】

学习的捷径是接近君子。《礼》、《乐》有法度而不疏略；《诗》、《书》古老而不近切；《春秋》简约而不严谨。当人们向君子学习的时候，君子的学说就得到了广泛的尊重和传播。所以说，学习的捷径是接近君子。学习的捷径是对君子的学说有兴趣，隆重的礼仪在其次。上不能产生兴趣，下没有礼仪尊重，那又能学到什么呢？不过是照着念念《诗》、《书》罢了。如果这样，即使学习一辈子，也不过是个陋儒。要想弘扬先王之道，推广仁义之术，只有礼能使你独得要领，经家纬国；以礼治国，就好像用手提着裘皮领，弯曲五指去顺毛一样，顺手下来，事半功倍。不以礼为宪法，而以《诗》、《书》去治国，那就好像要用手指去测河深浅，戈矛舂米，以锥取饭，那是得不着什么要领的。所以，如果抬高礼的地位，虽不一定全弄明白，仍然可以成为一个依法治国之士；不抬高礼的地位，即使你博学明辩，也可能是一个学说散漫而不得要领的儒生。

【原文】

問楛者勿告也，告楛者勿問也，説楛者勿聽也，有爭氣者勿與辯也。故必由其道至，然後接之，非其道則避之。故禮恭而後可與言道之方，辭順而後可與言道之理，色從而後可與言道之致。故未可與言而言謂之傲，可與言而不言謂之隱，不觀氣色而言謂之瞽。故君子不傲，不隱，不瞽，謹順其身。《詩》曰：「匪交匪舒，天子所予。」此之謂也。

【译文】

恶意的问题别回答；恶意的告诉别理他；硬要说也别听他。赌气争胜的人，不要和他辩驳什么。一定要是按规矩来的人才能接待，不按规矩来的人，那就避开他。对方礼仪恭敬，才可以指给他道的方向；言词恭顺，才可以告诉他道之文理；态度端正，才可以和他谈道的深义。所以我们说，对不该讲的人乱讲，那是倨傲；对该说的人不说，那是隐忍；不看对方脸色乱讲话，那是瞎说。所以君子之道，既不要倨傲，也不要隐忍，更不能胡讲乱说，要谨慎地对待那些来求教的人。《诗经》上说：「不要焦躁别怠慢，天子自会赞许你。」说的就是这个道理。

【原文】

百發失一，不足謂善射；千里蹞步不至，不足謂善御；倫類不通，仁義不一，不足謂善學。學也者，固學一之也。一出焉，一入焉，涂巷之人也。其善者少，不善者多，桀、紂、盜跖也。全之盡之，然後學者也。

【译文】

射百箭有一箭不中，算不上善射箭；驰千里而差了半步，算不上善驾车。不懂人伦，不懂物类，讲仁义而不能完全彻底，算不得善学。所谓学习，就是要坚持学习完全彻底的礼义。一会儿来学，一会儿又走，那就是一个普通人；好事不多做，坏事不少做，那就是桀、纣、盗跖一类的人。把这些道理都弄明白了，那才能算得上是一个学者。

【原文】

君子知夫不全不粹之不足以爲美也，故誦數以貫之，思索以通之。爲其人以處之，除其害者以持養之，使目非是無欲見也，使耳非是無欲聞也，使口非是無欲言也，使心非是無欲慮也。及至其致好之也，目好之五色，耳好之五聲，口好之五味，心利之有天下。是故權利不能傾也，羣衆不能移也，天下不能蕩也。生乎由是，死乎由是，夫是之謂德操。德操然後能定，能定然後能應，能定能應，夫是之謂成人。天見其明，地見其光，君子貴其全也。

【译文】

君子完全懂得，不完全，不纯粹的学问是不足以称之为美善的。所以对于经书，要一遍一遍地念，以求理解；反反复复地想，以求通达。然后按照礼义的要求做人，避免不利于礼义的思虑以持养心灵。一直达到这样的境界：眼不想看不合礼义的事，耳朵不想听不合礼义的事，口不想说不合于礼义的话，心不要想不合礼义的理。等到他对学问有了极大的兴趣，就好像眼睛爱看五色，耳朵爱听五声，嘴里爱尝五味，心中向往拥有天下那样。这样，权势和利益不能使他倾倒，众口一辞不能使他游移，给他天下也不能使他动摇。生，为了学问，死，也是因为学问，这就叫做品德操守。有了品德操守，然后才能够静定，静定，然后才能够因应。既能静定，又能因应，这就叫做有成就的人。天显现着它的光明，地显现着它的畅亮，君子的价值，就在于他在品德操守上的纯全。

修身篇第二

【原文】

見善，修然必以自存也；見不善，愀然必以自省也。善在身，介然必以自好也；不善在身，菑然必以自惡也。故非我而當者，吾師也；是我而當者，吾友也；諂諛我者，吾賊也。故君子隆師而親友，以致惡其賊；好善無厭，受諫而能誡，雖欲無進，得乎哉！小人反是，致亂而惡人之非己也，致不肖而欲人之賢己也，心如虎狼、行如禽獸而又惡人之賊己也。諂諛者親，諫爭者疏，修正爲笑，至忠爲賊，雖欲無滅亡，得乎哉？《詩》曰：「噏噏呰呰，亦孔之哀。謀之其臧，則具是違；謀之不臧，則具是依。」此之謂也。

【译文】

看到善良的行为，一定要一丝不苟地对照自己；看到不好的行为，一定心怀忧惧地反省自己。自己身上有善良的品德，一定要坚定不移地爱好它；自己身上有不良的行为，一定要想到早晚会因此而受害而痛恨自己。所以，指责我且指责得恰当的人，他就是我的老师；赞同我而

赞同得恰当的人，他就是我的朋友；而阿谀奉承我的人，就是害我的贼人。君子尊崇老师而亲近朋友，极端地憎恨那些贼人；爱好善良的品行要永不满足，受到劝告要有所警惕，那么，即使不想进步，可能么？小人则与此相反，自己极为昏乱，却还憎恨别人的责备；自己极其无能，却还要别人说自己贤能；自己的心地像虎狼，行为像禽兽，却又憎恨别人指责自己。谁阿谀奉承自己就极力亲近谁，谁规劝自己改正错误就疏远谁，把改正自己行为的话当做对自己的讥笑，把极端忠诚的人当成是对自己的戕害。这样的人，即使想不灭亡，可能么？《诗经》上说：「胡乱附和乱诋毁，实在令人很可悲。谋划本来很完美，做起事来都违背；谋划本来就不好，落实起来作依凭。」说的就是这种人。

【原文】

扁善之度，以治氣養生則後彭祖，以修身自名則配堯、禹。宜於時通，利以處窮，禮信是也。凡用血氣、志意、知慮，由禮則治通，不由禮則勃亂提僈；食飲、衣服、居處、動靜，由禮則和節，不由禮則觸陷生疾；容貌、態度、進退、趨行，由禮則雅，不由禮則夷固僻違，庸衆而野。故人無禮則不生，事無禮則不成，國家無禮則不寧。《詩》曰：「禮儀卒度，笑語卒獲。」此之謂也。

【译文】

使人无往而不善的是礼义法度，用它来调气养生，就能使自己的寿命不及彭祖；用它来修身自强，就能使自己的名声和尧、禹媲美。以礼义法度立身处世，可以无时无处而不通，又有利于在穷困中立身处世，因为礼是取信于人的。大凡在动用感情、意志、思虑的时候，遵循礼义就可以和顺通达，不遵循礼义就悖谬错乱、懈怠散漫；在吃喝、穿衣、居住、行动或休息的时候，遵循礼义就调和得体，不遵循礼义就会触犯禁忌走上背运而生病；在容貌、态度、进退、行走方面，遵循礼义就显得文雅大方，不遵循礼义就显得鄙陋邪僻、庸俗而粗野。所以人没有礼义就难以生存，事情没有礼义就难以成功，国家没有礼义就不得团结安定。《诗经》上说：「礼仪全都合法度，喜笑怒骂合时务。」说的就是这种情况。

【原文】

以善先人者謂之教，以善和人者謂之順；以不善先人者謂之諂，以不善和人者謂之諛。是是非非謂之知，非是、是非謂之愚。傷良曰讒，害良曰賊。是謂是、非謂非曰直。竊貨曰盜，匿行曰詐，易言曰誕，趣舍無定謂之無常，保利棄義謂之至賊。多聞曰博，少聞曰淺；多見曰閑，少見曰陋。難進曰偍，易忘曰漏。少而理曰治，多而亂曰秏。

【译文】

先关爱别人可以叫做最好的伦理道德教育，为和睦而关爱他人可以叫做真正的顺应自然；用心不良而先装出一副对人好的样子可以叫做谄媚，不是为和睦相处而随声附和的可以叫做阿谀。肯定对的，否定错的，这就叫做明智；否定对的，肯定错的，这就叫做愚蠢。中伤贤良的人叫做诽谤，陷害贤良的叫做残害。对的就说对，错的就说错，这叫做正直。偷窃财物叫做小偷，背着人做事的叫做欺诈，随便乱说的叫做荒诞，进退没个定规的叫做反复无常，为了保住自己的私利而背信弃义的可以说是最大的伤害。懂得的事儿多叫做渊博，听到的东西少叫做浅薄。见到的东西多叫做开阔，懂得的事儿少叫做鄙陋。犹疑难进的可以说是耽误事儿，丢三落四的可以说是没记性儿。措施简少而有条理的管理者可说是政治清明，措施繁多而混乱不堪的可以说是稀里糊涂。

【原文】

治氣養心之術：血氣剛彊，則柔之以調和；知慮漸深，則一之以易良；勇膽猛戾，則輔之以道順；齊給便利，則節之以動止；狹隘褊小，則廓之以廣大；卑溼、重遲、貪利，則抗之以高志；庸衆駑散，則劫之以師友；怠慢僄棄，則炤之以禍災；愚款端慤，則合之以禮樂，通之以思索。凡治氣養心之術，莫徑由禮，莫要得師，莫神一好。夫是之謂治氣養

心之術也。

【译文】

理气养心的方法是：对于过分地血气刚强的人，就要用心平气和的办法柔化调和他；对思虑过密城府太深的人，就要用平易坦率和善纯良的办法同化他；对勇敢大胆乃至于凶猛暴戾的人，就要用凡事不可太越轨的道理来帮助他；对行动轻率急捷的人，就要用举止言谈的安静从容来影响并节制他；对心胸狭隘气量太小的人，就要用海纳百川的宽宏大量来帮助并扩展他；对卑下迟钝只知道贪图利益的人，就用远大高尚的志向在境界上来提高他；对庸俗平凡低能散漫的人，就要用良师益友来管教他；对怠慢轻浮自暴自弃的人，就要用将会招致灾祸的理性分析来提醒他；对于朴实端庄却有点愚钝拘谨的人，就要用礼制音乐来协调他，用理性思考和层层深入剖析的办法来开通他。大凡理气养心的方法，没有比遵循礼义更直接的了，没有比得到良师的指导更重要的了，没有比专心致志地爱好行善更神妙的了。这就是理气养心的方法。

【原文】

志意修則驕富貴，道義重則輕王公，内省而外物輕矣。傳曰：「君子役物，小人役於物。」此之謂矣。身勞而心安，爲之；利少而義多，爲之；事亂君而通，不如事窮君而順焉。故良農不爲水旱不耕，良賈不爲折閱不市，士君子不爲貧窮怠乎道。

【译文】

志向远大而美好的人能够不在乎富贵的诱惑，道高义重的人能够不在乎天子和诸侯的淫威；注重内心修养并反省得清楚明白的人，就可以不在乎身外之物了。古书上说：「君子役使外物，小人被外物所役使。」说的正是这个道理啊。身体劳累而心安理得的事，就好好去做；利益上虽然少但道义上很多的事，也好好地去做。通过侍奉昏乱的君主而获得显赫的声名和尊贵的地位，不如顺着道义的指引而侍奉那些陷于困境的君主。所以，好的农夫不会一遭水灾旱灾就不种地，好的商人不会因为亏损而不做买卖，有节操有学问的人不会因为贫穷困厄而不注重不在乎道义（因为道义是最根本最重要的精神动力）。

【原文】

體恭敬而心忠信，術禮義而情愛人，横行天下，雖困四夷，人莫不貴。勞苦之事則爭先，饒樂之事則能讓，端慤誠信，拘守而詳，横行天下，雖困四夷，人莫不任。體倨固而心執詐，術順墨而精雜汙，横行天下，雖達四方，人莫不賤。勞苦之事則偷儒轉脱，饒樂之事則佞兑而不曲，辟違而不慤，程役而不録，横行天下，雖達四方，人莫不棄。

【译文】

容貌恭敬而内心忠诚信守，遵循礼义而又有爱的情感，这样的人走遍天下，即使困厄在周边的少数民族地区，人们也没有不尊重他们的。劳累辛苦的事就抢先去做，有利而享乐的事却能让给别人，端庄谨慎忠诚信守，谨守礼法而明察事理，这样的人走遍天下，即使困厄在周边的少数民族地区，人们也无不信任他。外貌傲慢固执而内心狡猾诡诈，遵循慎到、墨翟那一套，灵魂深处驳杂污秽，这样的人也可以走遍天下，但不论他到什么地方，即使飞黄腾达了，人们也无不鄙视他们。一遇到劳累辛苦的事就偷懒怕事，转身逃脱，一看到有利而享乐的事就施展才华，快嘴利舌地去争去抢不退缩，邪僻恶劣而不择手段，放纵欲望而毫不检点约束，这样的人也可以走遍天下，但不论到什么地方，即使飞黄腾达了，人们也仍然无不厌烦他们、抛弃他们。

【原文】

行而供冀，非漬淖也；行而俯項，非擊戾也；偶視而先俯，非恐懼也。然夫士欲獨修其身，不以得罪於比俗之人也。

【译文】

走路的时候恭恭敬敬，不是因为怕脚上沾染了烂泥；走路时低下头项，不是因为怕头触撞上什么；和别人二目相视而先低下头避开对方的目光，不是因为害怕对方而避开。所以，想读书做官的人要独自修养自己的身心，并不是害怕得罪那些溺于流俗的人们。（这是他所从事的职业所决定的啊！）

【原文】

夫驥一日而千里，駑馬十駕則亦及之矣。將以窮無窮，逐無極與？其折骨絶筋，終身不可以相及也。將有所止之，則千里雖遠，亦或遲或速、或先或後，胡爲乎其不可相及也？不識步道者，將以窮無窮逐無極與？意亦有所止之與？

夫堅白、同異、有厚無厚之察，非不察也，然而君子不辯，止之也；倚魁之行，非不難也，然而君子不行，止之也。故學曰：「遲彼止而待我，我行而就之，則亦或遲或速、或先或後，胡爲乎其不可以同至也？」故蹞步而不休，跛鼈千里；累土而不輟，丘山崇成；厭其源，開其瀆，江河可竭；一進一退，一左一右，六驥不致。彼人之才性之相縣也，豈若跛鼈之與六驥足哉？然而跛鼈致之，六驥不致，是無他故焉，或爲之，或不爲爾。

道雖邇，不行不至；事雖小，不爲不成。其爲人也多暇日者，其出入不遠矣。

【译文】

骏马一天跑千里之远，劣马走十天也可以达到。但如果要走无限远的路程，追赶无限，那么

即使跑断了骨头，累断了脚筋，怕是一辈子也不可能完成。所以，如果有个终点，千里的路程虽然很远，也不过是走得慢一点或快一点，有的先到有的后到，谁不能到达呢？不了解人生道路的有限性的人，难道想要穷尽无限的世界，追求无限的目标吗？还是也有个止境呢？

那些对坚白、同异、有厚无厚等命题的考察，不是不深刻，然而君子不去辩论，是因为懂得人生的有限啊；新鲜怪异的行为，做起来不是不难，但是君子不去做，正是因为有所节制啊。所以学者们说：「我虽然晚些出发，只要他们有止境，也就等于在停下来等我。我赶上去接近他们，那也就不过是或迟或早，或前或后一些罢了，为什么不能同样到达目的地呢？」所以，一步一步地走个不停，即使瘸了腿的老鳖也能走到千里之外；一筐一筐不停地堆积泥土，山丘也终究能堆成；塞住水源，开通沟渠，长江黄河也可以流干；一会儿前进一会儿后退，一会儿向左一会儿向右，就是六匹骏马拉车也难以走到目的地。每个人的资质相互之间相距遥远，但哪会像瘸了腿的老鳖和六匹骏马之间的悬殊大呢？所以，瘸了腿的老鳖能够到达目的地，六匹骏马却到不了，这没有别的原因，只是老鳖坚持做下去，骏马不去做罢了！

路程再近，不走就永远到不了；事情再小，不做就永远难成功。为人怠惰，则行道不远。

【原文】

好法而行，士也；篤志而體，君子也；齊明而不竭，聖人也。人無法，則倀倀然；有法而無志其義，則渠渠然；依乎法而又深其類，然後

温温然。

【译文】

爱好礼法而尽力遵行的人，是学士；意志坚定而身体力行的人，是君子；无所不明而又终生奋斗的人，就是圣人。人们如果没有礼法，就会迷惘而无所适从；有了礼法而不努力去落实到行动上，就会徒有聪明才智而忙乱无所成；既遵循礼法而又能精深地把握它在具体事物中的准则，这样就能从容不迫而泰然自若。

【原文】

禮者，所以正身也；師者，所以正禮也。無禮何以正身？無師，吾安知禮之爲是也？禮然而然，則是情安禮也；師云而云，則是知若師也。情安禮，知若師，則是聖人也。故非禮，是無法也；非師，是無師也。不是師法而好自用，譬之是猶以盲辨色，以聾辨聲也，舍亂妄無爲也。故學也者，禮法也。夫師，以身爲正儀而貴自安者也。《詩》云：「不識不知，順帝之則。」此之謂也。

【译文】

礼是用来端正身心的，老师是用来校正礼的。没有礼，用什么来端正身心呢？没有老师，我哪能知道礼是这样的呢？礼这样规定我就这样做，这是让自己的性情安于礼；老师这样说自己就这样说，自己的智慧也就和老师一样。性情安于礼义，智慧同于先师，那就是圣人了。所以，非毁礼，也就是无视法；背逆老师，就等于没有老师。不肯定先师之智和法度之规而喜欢刚愎自用，打个比方来说，那就像让瞎子来辨别颜色，让聋子来分辨声音，除了乱妄之徒，没有人这样做。所以，所谓学习也就是学习礼法；拜师学习的终极目的也就是要学习他的以身作则，而使自己安守礼法。《诗经》上说：「看上去他无智又无识，实际上则依顺着上帝大规律。」说的就是这个道理。

【原文】

端愨順弟，則可謂善少者矣；加好學遜敏焉，則有鈞無上，可以爲君子者矣。偷儒憚事，無廉恥而嗜乎飲食，則可謂惡少者矣；加惕悍而不順，險賊而不弟焉，則可謂不詳少者矣，雖陷刑戮可也。

老老而壯者歸焉，不窮窮而通者積焉，行乎冥冥而施乎無報，而賢不肖一焉。人有此三行，雖有大過，天其不遂乎。

【译文】

端庄谨慎听哥的话，就可称他好少年了；再加上好学谦虚又敏捷，那就只有人能和他相等，而无人能够超过他。这种人也就可以说是君子了。苟且偷安而懒惰怕事，寡廉鲜耻而只图吃喝，就可说他是坏少年了；如果再加上放荡凶狠而桀骜不驯，阴险害人而不顺从年长的人，

那就可说他是个不祥的少年了；这种人早晚遭受刑罚杀戮也不足为怪。

如果你能够尊敬老年人，壮年人也就都会佩服你；如果你能够不歧视穷苦困窘的人，通达事理的人也就会团结在你的身边；如果你能够暗中做好事而施不求报，那么不管是贤能之人和无能之辈就都会统一在你的领导下了。人有了这三种德行，即使偶尔犯有大的过失，老天爷怕也不会要让他毁灭吧！

【原文】

君子之求利也略，其遠害也早，其避辱也懼，其行道理也勇。

君子貧窮而志廣，富貴而體恭，安燕而血氣不惰，勞勧而容貌不枯，怒不過奪，喜不過予。君子貧窮而志廣，隆仁也；富貴而體恭，殺埶也；安燕而血氣不惰，柬理也；勞勧而容貌不枯，好交也。怒不過奪，喜不過予，是法勝私也。《書》曰：「無有作好，遵王之道；無有作惡，遵王之路。」此言君子之能以公義勝私欲也。

【译文】

君子对于求取利益的事是漫不经心的，他对于避祸防害的事是早作准备的，他对于避免耻辱的事是诚惶诚恐的，他对于奉行道义的事是勇往直前的。

君子即使贫穷困窘，气度志向仍然宽容远大；即使富裕高贵，行为举止仍然恭恭敬敬；即使生活安逸，精神却并不懈怠懒散；即使疲倦不堪，看上去也仍然不会无精打采。这种人即使发怒，也不过分地处罚人；即使高兴，也不过分地奖赏人。君子贫穷困窘而仍然气度志向宽容远大，是因为他要弘扬仁德；君子富裕高贵而行为举止仍然恭恭敬敬，是因为他要减弱自己的威势；生活安逸而精神不懈怠懒散，是因为爱好修养身心；身心疲劳而面有神采，是因为他爱好礼仪；发怒时不过分处罚人，高兴了不过分奖赏人，这是因为他奉行礼法的观念胜过了他的私情。《尚书》上说：「不能单凭个人的爱好，要遵循先王永恒的正道；不要只想个人的厌恶，遵循先王永恒的正路。」这里说的就是，君子能够用符合公众利益的道义来战胜个人的私欲。

【原文】

不苟篇第三

君子行不貴苟難，說不貴苟察，名不貴苟傳，唯其當之爲貴。故懷負石而赴河，是行之難爲者也，而申徒狄能之；然而君子不貴者，非禮義之中也。山淵平，天地比，齊、秦襲，入乎耳，出乎口，鉤有須，卵有毛，是說之難持者也，而惠施、鄧析能之；然而君子不貴者，非禮義之中也。盜跖吟口，名聲若日月，與舜、禹俱傳而不息；然而君子不貴者，非禮義之中也。故曰：君子行不貴苟難，說不貴苟察，名不貴苟傳，唯其當之爲貴。《詩》曰：「物其有矣，唯其時矣。」此之謂也。

【译文】

君子对于自己的行为，不以不正当的难能为可贵；对于学说，不以不正当的明察为价值；对于名声，不以不正当的流传为珍贵；只有当自己的行为、学说、名声符合礼义，对于他们来说才是有价值的。所以，怀里抱着石头而投河自杀，这是难以做到的事情，但申徒狄却能够这样做；不过，君子并不推崇这种行为，因为它不合礼义的中正之道。高山和深渊高低相等，天和地高低一样，齐国、秦国相毗连，从耳朵中进去从嘴巴里出来，女人有胡须，鸡蛋有羽毛，这些都是难以把握的学说，但惠施、邓析却能论证它们；不过，君子并不赏识这种学说，因为它们不合礼义的中正之道。盗跖的名字常挂在人们嘴边，名声就像太阳、月亮一样无人不知，和舜、禹等一起流传而永不磨灭；不过，君子并不珍视他，因为那不合礼义的中正之道。所以说：君子对于自己的行为，不以不正当的难能为可贵；对于学说，不以不正当的明察为价值；对于名声，不以不正当的流传为珍贵；只有行为、学说、名声符合了礼义才是有价值的。《诗经》上说：「事物已经存在了，还要让它得时宜。」说的正是这个道理。

【原文】

君子易知而難狎，易懼而難脅，畏患而不避義死，欲利而不爲所非，交親而不比，言辯而不辭。蕩蕩乎，其有以殊於世也。

【译文】

君子，了解他很容易，想和他结党营私却很难；吓唬他很容易，想要胁迫他为非作歹却很难；君子害怕惹是生非，但并不逃避为正义而牺牲；君子也希望获得利益，但不会为利益而不择手段；君子与人结交，亲密而不勾结；言谈雄辩，却不是为了玩弄辞藻。君子的胸怀多么宽广啊！他和世间的流俗是有所不同的（他们有自己的原则）。

【原文】

君子能亦好，不能亦好；小人能亦醜，不能亦醜。君子能則寬容易直以開道人，不能則恭敬縛絀以畏事人；小人能則倨傲僻違以驕溢人，不能則妬嫉怨誹以傾覆人。故曰：君子能則人榮學焉，不能則人樂告之；小人能則人賤學焉，不能則人羞告之。是君子小人之分也。

【译文】

君子有才能是美好的，没有才能也是美好的；小人有才能是丑恶的，没有才能也是丑恶的。君子有了才能，就会宽宏大量平易正直地来启发引导别人；如果没有才能，就恭恭敬敬地谦虚退让来小心侍奉别人。小人一有才能，就骄傲自大邪僻背理地盛气凌人；如果没有才能，就嫉妒怨恨诽谤倾轧地一心想搞垮别人。所以说：君子有才能，别人就会把向他学习看做光荣，君子如果没有才能，人们就会乐意教他怎么做。小人虽有才能，人们却会以向他学习为卑

鄙；没有才能，人们也不愿意教他。这就是君子和小人的区别。

【原文】

君子寬而不僈，廉而不劌，辯而不爭，察而不激，寡立而不勝，堅彊而不暴，柔從而不流，恭敬謹慎而容，夫是之謂至文。《詩》曰：「溫溫恭人，惟德之基。」此之謂矣。

【译文】

君子宽宏大量，却不懈怠马虎；刚正守节，却不尖刻伤人；能言善辩却不流于争吵；洞察一切却不过于激切；卓尔不群，但不盛气凌人；坚定刚强，但不粗鲁凶暴；宽柔和顺，但不随波逐流；恭敬谨慎，却能宽容待人。这可以称之谓最文雅最合礼义的了。《诗经》上说：「温柔谦恭的人们，只以道德为根本。」说的就是这种人。

【原文】

君子崇人之德，揚人之美，非諂諛也；正義直指，舉人之過，非毀疵也。言己之光美，擬於舜、禹，參於天地，非夸誕也；與時屈伸，柔從若蒲葦，非懾怯也；剛彊猛毅，靡所不信，非驕暴也。以義變應，知當曲直故也。《詩》曰：「左之左之，君子宜之；右之右之，君子有之。」此言君子能以義屈信變應故也。

【译文】

君子推崇别人的德行，赞扬别人的优点，并不是谄媚阿谀；公正地批评，直指别人的过错，并非要诋毁挑剔。说自己的光荣美善可以和舜禹相比拟，和天地相并列，并不是出于浮夸欺骗；随着时势或退或进，柔顺得就像香蒲和芦苇一样，并不是出于懦弱和胆怯；刚强坚毅，总是挺身而出，并不是出于骄傲横暴。这都是君子根据道义来随机应变，懂得能屈能伸的道理的缘故。《诗经》上说：「靠了左呀再靠左，君子之左无不可；靠了右呀再靠右，君子之右也常有。」这里说的就是君子能够根据道义来进退屈伸，随机应变。

【原文】

君子，小人之反也。君子大心則天而道，小心則畏義而節；知則明通而類，愚則端慤而法；見由則恭而止，見閉則敬而齊；喜則和而理，憂則靜而理；通則文而明，窮則約而詳。小人則不然，大心則慢而暴，小心則淫而傾，知則攫盜而漸，愚則毒賊而亂；見由則兑而倨，見閉則怨而險；喜則輕而翾，憂則挫而懾；通則驕而偏，窮則棄而儑。傳曰：「君子兩進，小人兩廢。」此之謂也。

【译文】

君子是小人的反面。君子心往大处用，就会敬天而循道；心往小处用，敬畏礼义有节制。

他的智识明智通达而触类旁通；即使愚钝，也端正诚笃而遵守法度。君子被起用，做事恭敬不放纵；如果不见用，恭敬戒慎而修己。高兴的时候平和地做事；忧愁的时候冷静地处理。显贵时文雅而明智，困窘时自我约束而思虑详细。小人就不是这样的，如果心往大处用，就会傲慢而粗暴；如果心往小处用，就会邪恶地整人。有智识就费尽心机巧取豪夺；即使愚钝，也狠毒残忍生乱心。被起用就亢奋而傲慢，不见用就怨恨他人起坏心。一高兴就轻浮而急躁，一忧愁就垂头丧气而怯懦。显贵时就骄横不公正，困窘时就自暴自弃奴颜卑膝。古书上说：「君子逆顺都进步，小人顺逆都颓废。」说的就是这道理。

【原文】

君子治治，非治亂也。曷謂邪？曰：禮義之謂治，非禮義之謂亂也。故君子者，治禮義者也，非治非禮義者也。然則國亂將弗治與？曰：國亂而治之者，非案亂而治之之謂也，去亂而被之以治；人汙而修之者，非案汙而修之之謂也，去汙而易之以修。故去亂而非治亂也，去汙而非修汙也。治之爲名，猶曰君子爲治而不爲亂，爲修而不爲汙也。

【译文】

君子整治有秩序的国家，而不整治混乱的国家。这是什么意思呢？这是说：符合礼义叫做有秩序，违背礼义叫做混乱。所以，君子治理遵循礼义的国家，而不治理不遵礼义的国家。这样说来，国家混乱了就不整治了吗？回答说：国家混乱而去整治它，并不是按照混乱的道理去整治，而是要按礼义除去混乱，再为它赋予秩序。人的脸脏了而去修饰，并不是用弄肮脏的办法去修饰，而是要除去肮脏而换来美好。所以，去掉混乱并不等于整治混乱，除去肮脏并不等于整治肮脏。治理作为一个概念，它好像是说，君子只为有秩序而做事而不会制造混乱，只为美好而工作而不会去弄肮脏。

【原文】

君子絜其身而同焉者合矣，善其言而類焉者應矣。故馬鳴而馬應之，非知也，其埶然也。故新浴者振其衣，新沐者彈其冠，人之情也。其誰能以己之潐潐，受人之掝掝者哉？

【译文】

君子修养自己的身心而和志同道合的人聚合起来，完善自己的学说而让观点相同的人来响应。所以，马鸣叫就有马来应和，并非什么智慧的事情，而是情势造就的。所以，刚洗过澡的人总爱抖抖自己的衣服，刚洗过头的人总爱弹弹自己的帽子，这是人之常情。有谁会愿意让自己的洁白无瑕去蒙受别人的玷污呢？

【原文】

君子養心莫善於誠，致誠則無它事矣，唯仁之爲守，唯義之爲行。誠

心守仁則形，形則神，神則能化矣；誠心行義則理，理則明，明則能變矣。變化代興，謂之天德。

天不言而人推高焉，地不言而人推厚焉，四時不言而百姓期焉。夫此有常，以至其誠者也。君子至德，嘿然而喻，未施而親，不怒而威。夫此順命，以慎其獨者也。

善之爲道者，不誠則不獨，不獨則不形，不形則雖作於心，見於色，出於言，民猶若未從也，雖從必疑。

天地爲大矣，不誠則不能化萬物；聖人爲知矣，不誠則不能化萬民；父子爲親矣，不誠則疏；君上爲尊矣，不誠則卑。夫誠者，君子之所守也，而政事之本也。唯所居以其類至，操之則得之，舍之則失之。操而得之則輕，輕則獨行，獨行而不舍則濟矣。濟而材盡，長遷而不反其初則化矣。

【译文】

君子修养身心没有比真诚更好的了，做到了真诚就可以万事大吉了。唯一重要的是守住仁德，唯一重要的是奉行道义。真诚地坚持仁德，就会在行为上表现出来，仁德在行为上表现出来，就显得神明，显得神明就能感化别人。真诚地奉行道义，就会变得理智，理智了就能明察事理，明察事理就能改变别人了。改造和感化轮流起作用，这就叫做循环有常的天德。

上天不说话而人们都推崇它的高远，大地不说话而人们都推崇它的深厚，四季不说话而百姓都知道春夏秋冬的变换是有常可信的。这都是因为它有着自己的常规因而达到了让人感到诚信不欺的境界。君子有了极高的德行，虽然沉默寡言，人们也都明白；没有施舍，人们却亲近他；不用发怒，就很威严。这是因为君子顺从了天道，因而能在独自一人时也谨慎而不苟。

君子善于改造感化人的道理在于，如果不真诚，就不能慎独；如果不能慎独，道义就不能在日常生活行为中表现出来；道义不能在日常生活行为中表现出来，那么即使发自内心，表现在脸色上，发表在言论中，人们仍然不会顺服他；即使顺服，也一定迟疑不决。

天地算是大的了，不真诚就不能化育万物；圣人算是明智的了，不真诚就不能感化万民；父子之间要算亲密的了，没有真诚也就会疏远；君主要算尊贵的了，没有真诚也会受到鄙视。真诚，是君子的操守，政治的根本。只有立足于真诚，同类才会汇聚到一起；只有保持真诚，才会获得同类的信赖，如果丢掉真诚，也会失去同类的信任。只要保持真诚并因而获得了同类的信赖，感化他们也就容易了；容易被感化的人们，慎独的作风就会因人人遵守而成为风气了；慎独的风气流行之后再紧抓不放，人们就会养成真诚的品格了。人们真诚的品格一旦养成，他们的才能就会充分发挥出来，如果能够永远地使人们趋向于真诚而不回返到邪恶的本性上，人们也就完全被文明所感化了。

【原文】

君子位尊而志恭，心小而道大，所聽視者近而所聞見者遠。是何邪？則操術然也。故千人萬人之情，一人之情是也；天地始者，今日是也；百王之道，後王是也。君子審後王之道而論於百王之前，若端拜而議。推禮義之統，分是非之分，總天下之要，治海內之衆，若使一人，故操彌約而事彌大。五寸之矩，盡天下之方也。故君子不下室堂而海內之情舉積此者，則操術然也。

【译文】

君子地位尊贵了，而志欲更加恭敬。心只有方寸之地，但胸中的理想却可以无边的远大。人能亲自听到看到的事物总是很近的，而听见看到的事物却又因其类同而可以达到无限的远。这是为什么呢？这是因为君子掌握了抽象的方法，然后才能这样。根据这种方法，千千万万个人的情绪虽各有不同，但他们的心性却类同得就像一个人一样。用这种方法逻辑地类推，天地在开端的时候，应该和今天是一样的；上百代帝王的统治之道，也应该和后代帝王是一样的。因此当君子审察了当代的帝王统治之道，从而再去考察前百代帝王的政治措施的时候，就可以从容不迫地端正身体拱手议论而又不错分毫。因为他们可以推究出礼义的纲领，分清楚是非的界限，总揽天下的要领。这时再用它们来治理海内的民众，也就像役使一个人一样。所以，掌握

的抽象方法越简约，能办成的事业就越大。这就像手中只有五寸长的曲尺，却能够画出天下所有的方形一样。所以君子用不着走出内室的厅堂，而天下的情况却都聚集在他这里了，这是因为他掌握了抽象的方法才能够这样的啊。

【原文】

有通士者，有公士者，有直士者，有愨士者，有小人者。上則能尊君，下則能愛民，物至而應，事起而辨，若是，則可謂通士矣。不下比以闇上，不上同以疾下，分爭於中，不以私害之，若是，則可謂公士矣。身之所長，上雖不知，不以悖君，身之所短，上雖不知，不以取賞，長短不飾，以情自竭，若是，則可謂直士矣。庸言必信之，庸行必慎之，畏法流俗而不敢以其所獨甚，若是，則可謂愨士矣。言無常信，行無常貞，唯利所在，無所不傾，若是，則可謂小人矣。

【译文】

有通达事理的人，有公正无私的人，有耿直爽快的人，有拘谨老实的人，还有小人。上能尊敬君主，下能爱抚民众，事情来了能应付，事件发生了能处理，这样，就可以叫做通达

事理的人了。

不在下面互相勾结去愚弄君主，不对上迎合君主去残害臣民，遇事有了分歧和争执，不因为个人的利益去陷害对方，这样，就可以叫做公正无私的人了。

自身的长处，君主即使不知道，也不用它来欺瞒君主；自身有短处，君主即使不知道，也不靠它骗取奖赏；不论是自己的长处还是短处都能不加掩饰，真实主动地表现出来，这样，就可以称为耿直爽快的人了。

即使是平常的言论也一定是诚实可信的，平常的行为也一定是谨慎的，不敢随着社会风气随波逐流，也不敢做他个人特别爱好的事，这样，就可以称为拘谨老实的人了。

说话不讲究基本的信用，行为没有一定的原则，只要是有利可图，就无所不用其极地胡作非为，这样，就可以说他是小人了。

【原文】

公生明，偏生闇；端慤生通，詐僞生塞；誠信生神，夸誕生惑。此六生者，君子慎之，而禹、桀所以分也。

【译文】

公正产生明智，偏私产生愚昧；端正谨慎产生通达，欺诈虚伪产生闭塞；诚实信守产生神明，大话自夸产生糊涂。这六种相生，君子要谨慎对待，这也是禹和桀之所以不同的地方。

【原文】

欲惡取舍之權：見其可欲也，則必前後慮其可惡也者；見其可利也，則必前後慮其可害也者；而兼權之，孰計之，然後定其欲惡取舍。如是，則常不失陷矣。凡人之患，偏傷之也。見其可欲也，則不慮其可惡也者；見其可利也，則不顧其可害也者。是以動則必陷，爲則必辱，是偏傷之患也。

【译文】

权衡是追求还是厌恶，是摄取还是舍弃的标准是：看到可以追求的东西，要前前后后考虑一下它可能带来的可厌的后果；看到可以得利的事情，要前前后后考虑一下它可能造成的危害；两方面比较权衡一下，仔细地考虑一下，然后决定是追求还是厌恶，是摄取还是舍弃。这样，就往往不会陷入被动的局面了。大凡人们的祸患，往往是因为认识的片面性而伤害了自己：一看见可以追求的东西，就不考虑它可能带来的可厌的一面；一遇到可以得利的事情，就不去反省一下它可能造成的危害。所以，行动起来往往失足，一旦做了肯定受辱，这就是因为人们认识的片面性而造成的祸患啊。

【原文】

人之所惡者，吾亦惡之。夫富貴者則類傲之，夫貧賤者則求柔之，是

非仁人之情也，是姦人將以盜名於晻世者也，險莫大焉。故曰：盜名不如盜貨。田仲、史鰌不如盜也。

【译文】

别人所厌恶的，我也厌恶。对富贵的人一律傲视，对贫贱的人一味屈就，这并不是仁人的实际情况，而是奸邪的人在黑暗的社会里用来欺世盗名的做法，用心再险恶没有了。所以说：欺世盗名的还不如偷窃财物的。田仲、史鰌比贼都坏（因为他们过分沽名钓誉了）。

榮辱篇第四

【原文】

憍泄者，人之殃也。恭儉者，偋五兵也。雖有戈矛之刺，不如恭儉之利也。故與人善言，煖於布帛；傷人之言，深於矛戟。故薄薄之地，不得履之，非地不安也；危足無所履者，凡在言也。巨涂則讓，小涂則殆，雖欲不謹，若云不使。

【译文】

骄傲轻慢，是人的祸殃；恭敬谦逊，可以摒除来自各方面的残害，可见即使有戈矛的尖刺，也不如恭敬谦逊的为人处世之道对自己更为有利。所以，如果用好话暖人，胜似给别人一件取暖的衣服；如果你恶语伤人，那比戈矛刺人更加创深痛巨。所以，虽有宽广的大地，却没有立

脚的地方，并不是因为地面不平稳；踮着脚尖没地方下脚，全都是因为说话伤了人啊。大路很拥挤，小路又危险，即使想不谨慎，却又好像有什么东西迫使自己非谨慎不可呀。

【原文】

快快而亡者，怒也；察察而殘者，忮也；博而窮者，訾也；清之而俞濁者，口也；豢之而俞瘠者，交也；辯而不説者，爭也；直立而不見知者，勝也；廉而不見貴者，劌也；勇而不見憚者，貪也；信而不見敬者，好剸行也：此小人之所務而君子之所不爲也。

【译文】

痛快一时而导致死亡，是因为愤怒；明察一切却遭到残害，是因为嫉妒；知识渊博却处境困厄，是因为毁谤；想要澄清却越来越浑浊，是因为口舌；款待朋友却交情越来越淡薄，是待人接物不当；能言善辩而不被人喜欢，是因为争执不休；立身正直却不被人理解，是过分争强好胜；刚正守法却不受人尊重，是因为尖刻伤人；勇猛无比而不受人敬畏，是因为他的贪婪；恪守信用而不受人尊敬，是因为独断专行。这些都是小人的作为，君子是不干的。

【原文】

鬭者，忘其身者也，忘其親者也，忘其君者也。行其少頃之怒而喪終身之軀，然且爲之，是忘其身也；室家立殘，親戚不免乎刑戮，然且爲之，

是忘其親也；君上之所惡也，刑法之所大禁也，然且爲之，是忘其君也。憂忘其身，內忘其親，上忘其君，是刑法之所不舍也，聖王之所不畜也。乳彘觸虎，乳狗不遠遊，不忘其親也。人也，憂忘其身，內忘其親，上忘其君，則是人也而曾狗彘之不若也。

凡鬭者，必自以爲是而以人爲非也。己誠是也，人誠非也，則是己君子而人小人也，以君子與小人相賊害也。憂以忘其身，內以忘其親，上以忘其君，豈不過甚矣哉！是人也，所謂「以狐父之戈鐲牛矢」也。將以爲智邪？則愚莫大焉。將以爲利邪？則害莫大焉。將以爲榮邪？則辱莫大焉。將以爲安邪？則危莫大焉。人之有鬭，何哉？我欲屬之狂惑疾病邪，則不可，聖王又誅之。我欲屬之鳥鼠禽獸邪，則不可，其形體又人，而好惡多同。人之有鬭，何哉？我甚醜之。

【译文】

打架斗殴的人，是忘记了自己的身体，忘记了自己的亲人，忘记了自己的君主。为了发泄他一时的愤怒，将永远丧失生命之躯，然而还是要打架斗殴，这便是忘记了自己的身体。家庭立刻会遭到摧残，亲戚也不免受刑被杀，然而还是要打架斗殴，这便是忘记了自己的亲人。打架斗殴为君主所厌恶，刑法也严格禁止，然而还是要打架斗殴，这就是忘记了自己的君主。由于一时忧愤而忘记了自身；从家里来说，就是忘记了亲人；对君上来说，就是忘记了君主。打架斗殴是刑法所不能放过的，也是圣明的帝王所不容的。哺乳的母猪不去触犯老虎，喂奶的母狗不到远处游逛，这是因为它们没有忘记自己的亲骨肉啊。作为一个人，为一时的忧愤而忘记了自身；从家里来说，忘记了亲人；对上来说，忘记了君主；这种人真是连猪狗也不如了。

凡打架斗殴的人，一定以为自己对而别人错。即使自己真的对，别人真的错，那也是把自己当君子而把别人当小人了。以君子的身份去和小人打架斗殴相互残害，为一时的愤怒忘记自身；从家里说是忘记了自己的亲人；对上说是忘记了自己的君主；这难道不是太过分了吗？这种人，就是平常人们所常说的「用狐父的利戈去攻击一堆牛屎」的那种人。你说他聪明吗？其实是最愚蠢的了；你说他为了得什么利吗？实际上没有比这更有害的了；你说他是为了荣誉吗？实际上没有比这更耻辱的了；你说他是为了自身的安全吗？实际上没有比这更危险的了。人们之间打架斗殴，到底是为了什么呢？我想把这种行为归属于疯狂惑乱的精神病吧，但又不可以，因为圣明的帝王肯定是要处罚这种行为的；我想把他们归到鸟鼠禽兽中去吧，但也不可以，因为他们的长相还是像人，而他们的爱憎情感也大多和别人相同。人们会发生打架斗殴，究竟是为了什么呢？我实在觉得这是一种让人颇感困惑的事。

【原文】

有狗彘之勇者，有賈盜之勇者，有小人之勇者，有士君子之勇者：爭

飲食，無廉恥，不知是非，不辟死傷，不畏衆彊，恈恈然唯利飲食之見，是狗彘之勇也。爲事利，爭貨財，無辭讓，果敢而振，猛貪而戾，恈恈然唯利之見，是賈盜之勇也。輕死而暴，是小人之勇也。義之所在，不傾於權，不顧其利，舉國而與之不爲改視，重死持義而不橈，是士君子之勇也。

【译文】

有猪狗禽兽的勇敢，有商人盗贼的勇敢，有小人的勇敢，有士君子的勇敢。争吃抢喝，没有廉耻，不懂是非，不顾死伤，不怕众多的强人，红着眼只看到吃喝，这是猪狗禽兽式的勇敢。做事只图利益，争夺财物，不事辞让，行动起来果断大胆而振奋，心里凶悍贪婪而暴戾，红着眼只看到钱财和利益，这是商人盗贼式的勇敢。连死亡也不在乎地行为暴虐，是小人的勇敢。只要合乎道义，就既不屈服于权势，也不顾自己的利益，把整个国家都给他也不为之改变观点，把坚持正义看得比生命还重要而不屈不挠，这是士君子的勇敢。

【原文】

鯈鮇者，浮陽之魚也，胠於沙而思水，則無逮矣。挂於患而欲謹，則無益矣。自知者不怨人，知命者不怨天；怨人者窮，怨天者無志。失之己，反之人，豈不迂乎哉？

【译文】

白鲦，是喜欢浮在水面晒太阳的鱼儿，一旦搁浅在沙滩上，再想得到水就来不及了。困在灾祸中再想小心谨慎，那就没什么意义了。有自知之明的人不埋怨别人，懂得命运的人不埋怨老天；埋怨别人只会走投无路，埋怨老天就是没有志向。错误在自己身上，却反而去责求别人，岂不是越绕越远了吗？

【原文】

榮辱之大分，安危利害之常體：先義而後利者榮，先利而後義者辱；榮者常通，辱者常窮；通者常制人，窮者常制於人：是榮辱之大分也。材愨者常安利，蕩悍者常危害；安利者常樂易，危害者常憂險；樂易者常壽長，憂險者常夭折：是安危利害之常體也。

夫天生蒸民，有所以取之。志意致修，德行致厚，智慮致明，是天子之所以取天下也。政令法，舉措時，聽斷公，上則能順天子之命，下則能保百姓，是諸侯之所以取國家也。志行修，臨官治，上則能順上，下則能保其職，是士大夫之所以取田邑也。循法則、度量、刑辟、圖籍，不知其義，謹守其數，慎不敢損益也，父子相傳，以持王公，是故三代雖亡，治法猶存，是官人百吏之所以取禄秩也。孝弟原愨，軥録疾力，以敦比其事業而不敢怠傲，是庶人之所

以取煖衣飽食，長生久視，以免於刑戮也。飾邪說，文姦言，爲倚事，陶誕、突盜，惕、悍、憍、暴，以偷生反側於亂世之閒，是姦人之所以取危辱死刑也。其慮之不深，其擇之不謹，其定取舍楛僈，是其所以危也。

【译文】

光荣和耻辱的主要区别，安危利害的一般情况是：先考虑道义而后考虑利益的就会得到光荣，先考虑利益而后考虑道义的就会受到耻辱；光荣的人常常通达，耻辱的人常常穷困；通达的人常常统治人，穷困的人常常被统治。这就是光荣和耻辱的主要区别。有才能而又谨慎的人常常安全得利，放荡凶悍的人常常危险受害；安全得利的人常常快乐舒坦，危险受害的人常常忧愁而有危险感；快乐舒坦的人常常长寿，忧愁而有危险感的人常常夭折。这就是安危利害的一般情况。

上天造就了民众人等，他们之所以取得各自的生存必备条件都各有自己的原因。思想极为美好，德行极为宽厚，谋虑极为英明，这是天子之所以取得天下的原因。政令合乎法度，措施合乎时宜，听政决断公正，上能顺从天子的命令，下能安抚一方的百姓，这是诸侯之所以取得国家的原因。思想行为美好，当官善于管理，上能顺从国君，下能恪守职责，这是士大夫之所以取得田地封邑的原因。遵循法律准则，尺度量器，刑罚法度，地图户籍来办事，即使不懂它们的意旨，也严格地遵守具体条文，小心谨慎地不敢增加或减少；父亲将这些特长传给儿子，用来扶助王公，所以夏、商、周三代虽然都灭亡了，但他们的政治法令仍然被这样保存下来，这是各级官吏之所以取得俸禄的原因。孝顺父母，敬爱兄长，老实谨慎，勤劳卖力，以此来从事自己的事业而不敢懈怠轻慢，这是平民百姓之所以取得丰衣足食且能健康长寿并能免受刑罚杀戮的原因。粉饰邪恶的学说，美化奸诈的言论，做一些荒唐怪诞的事情，招摇撞骗，强取豪夺，放荡凶悍，骄横残暴，靠这些在混乱的社会中苟且偷生而不安其位，这是奸邪的人之所以自取危险和耻辱、死亡和刑罚的原因。他们考虑问题不深入，选择人生道路也不谨慎，他们在作出自己的重大选择时粗疏而漫不经心，这就是他们之所以危亡的原因。

【原文】

材性知能，君子小人一也。好榮惡辱，好利惡害，是君子小人之所同也，若其所以求之之道則異矣。

小人也者，疾爲誕而欲人之信己也，疾爲詐而欲人之親己也，禽獸之行而欲人之善己也。慮之難知也，行之難安也，持之難立也，成則必不得其所好，必遇其所惡焉。

故君子者，信矣，而亦欲人之信己也；忠矣，而亦欲人之親己也；修正治辨矣，而亦欲人之善己也。慮之易知也，行之易安也，持之易立也，成則必得其所好，必不遇其所惡焉。

是故窮則不隱，通則大明，身死而名彌白。小人莫不延頸舉踵而願曰：「知慮材性，固有以賢人矣。」夫不知其與己無以異也，則君子注錯之當，而小人注錯之過也。故孰察小人之知能，足以知其有餘，可以爲君子之所爲也。譬之越人安越，楚人安楚，君子安雅，是非知能材性然也，是注錯習俗之節異也。

仁義德行，常安之術也，然而未必不危也；汙僈、突盜，常危之術也，然而未必不安也。故君子道其常而小人道其怪。

【译文】

在资质、本性、智慧、才能方面，君子和小人是一样的。他们都喜欢光荣而厌恶耻辱，爱好利益而憎恶祸害，这是君子和小人都一样的地方。至于他们用来求取光荣和利益的手段途径，那就有所不同了。

小人嘛，信口胡说却还要别人相信自己，拼命欺诈却还要别人亲近自己，禽兽一般的行为却还要别人赞美自己。小人们考虑问题难得明智，做起事来难得稳妥，自己坚持的那一套难以成立，结果就一定不能得到他们所喜欢的光荣和利益，而必定会遭受他们所厌恶的耻辱和祸害。

至于君子嘛，对别人说真话，也希望别人相信自己；对别人忠诚，也希望别人亲近自己；善良正直且善于处理各种事务，也希望别人因此而赞美自己。他们考虑问题容易明智，做起事

来容易稳妥，坚持的主张也容易成立，结果就一定能得到他们所喜欢的光荣和利益，一定不会遭受他们所厌恶的耻辱和祸害。

所以，君子穷困时名声也不会被埋没，通达时名声就会很显赫，身死之后名声会更加辉煌。小人无不伸长了脖子踮起了脚尖而羡慕君子说：「这些人的智慧思想和资质本性，一定有超过别人的地方啊。」他们不知道君子的资质才能与自己并没有什么两样，只是君子将自己的才智用得恰当，而小人却将自己的才智用错了地方。所以，如果仔细地考察一下小人的智慧才能，就能够知道他们的才智是绰绰有余地可以做君子所做的一切。打个比方来说，越国人习惯于生活在越国，楚国人习惯于生活在楚国，君子习惯于生活在华夏；这并不是智慧才能和资质本性造成的，而是由于他们把自己的资质才能用在了和当地的习俗相适应的地方才各自安于自己的生活啊。

奉行仁义道德，是常常能得到泰然生活的方法，然而不一定就不发生危险；污秽卑鄙且强取豪夺，是常常会遭受危险的方法，但不一定就得不到安全。所以，君子总是遵循正常的途径而小人则往往走上一条怪僻的人生道路。（这是小人心存侥幸呀！）

【原文】

凡人有所一同：飢而欲食，寒而欲煖，勞而欲息，好利而惡害，是人之所生而有也，是無待而然者也，是禹、桀之所同也。目辨白黑美惡，耳辨

音聲清濁，口辨酸鹹甘苦，鼻辨芬芳腥臊，骨體膚理辨寒暑疾養，是又人之所常生而有也，是無待而然者也，是禹、桀之所同也。可以爲堯、禹，可以爲桀、跖，可以爲工匠，可以爲農賈，在埶注錯習俗之所積耳，是又人之所生而有也，是無待而然者也，是禹、桀之所同也。則堯、禹則常安榮，爲桀、跖則常危辱；爲堯、禹則常愉佚，爲工匠農賈則常煩勞。然而人力爲此而寡爲彼，何也？曰：陋也。堯、禹者，非生而具者也，夫起於變故，成乎修，修之爲，待盡而後備者也。

【译文】

大凡人都有许多共同的本性：饿了就想吃东西，冷了就想暖和些，劳累过度想休息，喜欢得到利益而厌恶受到损害，这都是人生来就有的本性，它们无须什么原因而本来就是这样的。人的这些本性，不管是禹还是桀都是完全相同的。人的眼睛能辨别白黑美丑，耳朵能识别音声清浊，口舌能辨别酸咸甜苦，鼻子能辨别芳香腥臭，身体皮肤能辨别冷热痛痒，这又是人生下来就有的资质，它是不需要什么道理而生来就是这样的，人的这些本性，不管是禹还是桀都是完全相同的。人们可以凭借这些本性和资质去做尧、禹那样的贤君，也可以凭借它去做桀、跖那样的坏人；可以凭借它去做工匠，也可以凭借它去做农夫和商人；这全在各人怎么样来运用它并因不断地训练而习惯成自然，最后才有所成就罢了。做尧、禹那样的人，常常安全而光荣，做桀、跖那样的人，常常危险而耻辱；做了尧、禹那样的人，能常常愉悦而安逸，做了工匠、农夫、商人，就会常常麻烦而劳累。然而，人们却往往总是尽力做危辱烦劳的事情，而很少去做那光荣愉逸的事情，这又是为什么呢？要让我说，这是由于人们的浅陋无知。尧、禹这种人，并不是生下来就具备了圣人先天秉赋，而是他们从改变自己原有的本性开始，由于不断地修养他们自己的身心，不断修养啊再修养地修养下去，等到原有的恶劣本性都除去了，这就成了圣人。

【原文】

人之生固小人，無師無法則唯利之見耳。人之生固小人，又以遇亂世，得亂俗，是以小重小也，以亂得亂也。君子非得埶以臨之，則無由得開内焉。

今是人之口腹，安知禮義？安知辭讓？安知廉恥隅積？亦呥呥而噍，鄉鄉而飽已矣。人無師無法，則其心正其口腹也。

今使人生而未嘗睹芻豢稻粱也，惟菽藿糟糠之爲睹，則以至足爲在此也。俄而粲然有秉芻豢稻粱而至者，則瞲然視之曰：「此何怪也？」彼臭之而無嗛於鼻，嘗之而甘於口，食之而安於體，則莫不棄此而取彼矣。

今以夫先王之道，仁義之統，以相羣居，以相持養，以相藩飾，以相安固邪？以夫桀、跖之道，是其爲相縣也，幾直夫芻豢稻粱之縣糟糠爾哉？

然而人力爲此而寡爲彼，何也？曰：陋也。陋也者，天下之公患也，人之大殃大害也。故曰：仁者好告示人。告之示之，靡之儇之，鉛之重之，則夫塞者俄且通也，陋者俄且僩也，愚者俄且知也。是若不行，則湯、武在上曷益？桀、紂在上曷損？湯、武存則天下從而治，桀、紂存則天下從而亂。如是者，豈非人之情固可與如此，可與如彼也哉！

【译文】

人的自然天性，本来就是小人。如果没有老师的教导，没有法度约束，就只会看到财利罢了。人的自然天性，本来就是小人，又因为碰上了混乱的社会，接触了昏乱的习俗，这样，就在渺小卑鄙的本性上又加上了更多的渺小卑鄙，使昏乱的资质又染上了更多的昏乱习俗。君子如果不能得到权势来进行统治，他们仍然是没有办法打开自己的心窍来接受好思想。

现在这些人的嘴巴和肠胃，哪里懂得什么礼节道义？哪里懂得什么推辞谦让？哪里懂得什么廉洁和羞耻？哪里懂得什么局部的小道理和综合的大道理呢？也就只是知道嘴里蠕动着嚼东西，香喷喷地吃个饱罢了。人没有老师教导，没有法度约束，那么他们的心灵也就完全和他们的嘴巴肠胃一样，只是懂得吃吃喝喝罢了。

现在我们假定人一生下来就从来没有吃过牛羊猪狗肉和稻米谷子等细粮，而只是吃些豆叶蔬菜和糟糠粗食，那就会认为最满意的食物也就是这些了。但如果一会儿有人显眼地拿着肉食

和细粮来到跟前，他就会惊奇地瞪着眼说：「这是什么怪东西呀？」当他用鼻子闻闻，闻不出什么坏味道；用嘴尝尝，嘴巴里香香甜甜的；吃过之后身体感到很舒服；那就会人人抛弃原来的豆叶糟糠而要吃肉食细粮了。

现在，我们是要用古代帝王的办法和仁义的纲领，来帮助人们合群居住，帮助人们得到保养，帮助人们得到服饰，帮助人们得到安全和稳定呢？还是要用桀、跖的办法呢？这两种办法的差别是很大的，难道仅仅是肉食细粮和豆叶糟糠那样的悬殊差别吗？然而人们却是努力地在搞桀、跖的这一套而很少去搞古代帝王的那一套，这是为什么呢？让我说：这是因为浅陋无知。浅陋无知是天下人的通病，是人们的大灾难！所以说：讲究仁德的人喜欢到处讲他的道理。讲清楚了还做榜样，让人顺从，让人明智，让人们遵循推崇仁义之道。于是，有些闭塞固陋的人很快就开了窍，孤陋寡闻的人很快就会眼界开阔，愚蠢的人也很快变得聪明了。这些事情如果不干，那么商汤、周武王这样的贤君处在上位又有什么好处？夏桀、商纣王这样的暴君处在君位又有什么损害？如果有商汤、周武王在，天下便随之而安定；如果有夏桀、商纣王在，天下便跟着混乱。这样说来，难道不是因为人的本来性情原本就既可以这样，也可以那样吗？

【原文】

人之情，食欲有芻豢，衣欲有文繡，行欲有輿馬，又欲夫餘財蓄積之富也，然而窮年累世不知不足，是人之情也。今人之生也，方知蓄雞狗豬彘，

又蓄牛羊，然而食不敢有酒肉；餘刀布，有囷窌，然而衣不敢有絲帛；約者有筐篋之藏，然而行不敢有輿馬。是何也？非不欲也，幾不長慮顧後而恐無以繼之故也。於是又節用御欲，收斂蓄藏以繼之也，是於己長慮顧後，幾不甚善矣哉！今夫偷生淺知之屬，曾此而不知也。糧食大侈，不顧其後，俄則屈安窮矣，是其所以不免於凍餓，操瓢囊爲溝壑中瘠者也。況夫先王之道，仁義之統，《詩》、《書》、《禮》、《樂》之分乎。彼固天下之大慮也，將爲天下生民之屬長慮顧後而保萬世也，其汙長矣，其温厚矣，其功盛姚遠矣，非孰修爲之君子莫之能知也。故曰：短綆不可以汲深井之泉，知不幾者不可與及聖人之言。夫《詩》、《書》、《禮》、《樂》之分，固非庸人之所知也。故曰：一之而可再也，有之而可久也，廣之而可通也，慮之而可安也，反鈆察之而俞可好也。以治情則利，以爲名則榮，以羣則和，以獨則足樂。意者其是邪？

【译文】

人之常情：吃就想吃美味佳肴，穿就想穿绫罗绸缎，出行希望有车马，还希望富裕，拥有多余积蓄和财富。然而，人们一年到头世世代代，从来就不知道知足，这就是人之常情。所以，现在人们的生活，已经知道畜养鸡狗猪，又懂得畜养牛羊，但是吃饭时却不敢有酒肉；钱币有余，又有粮仓地窖，但是穿衣却不敢穿绸缎；节约的人拥有一箱箱的积蓄，但是出行却不敢用车马。这是为什么呢？并不是不想要啊，他们之所以这样，只是因为他们要作长远打算，考虑到以后的生活而怕难以为继呀！于是，他们就又进一步节约费用，抑制欲望，聚敛财物，贮藏粮食以便生活得以继续维持，这种为了自己的长远打算，顾及今后生活，岂不是很好的么？现在，有一些苟且偷生浅陋无知之辈，竟然连这个道理都不懂。他们过分地浪费粮食，不顾自己以后的生活，不久就消费得精光而陷于困境了。这就是他们不免受冻挨饿，拿着讨饭的瓢儿和布袋而成为山沟中的饿死鬼的原因。他们连怎样过日子都不懂，更何况是那些古代圣王的思想原则，仁义的纲领，《诗》、《书》、《礼》、《乐》的道理呢！那些原则纲领，本来就是治理天下的重大规划，是要为天下所有的人民从长考虑，照顾到以后从而保住子孙万代的；它的流传已经很长久了，它的蕴积也已经很深厚了，它的丰功伟绩也已经很遥远了，如果不是顺从精通从而学习实行它的君子，是不能够理解它的。所以说：短绳不可以用来汲取深井中的水，学问不到家的人就不能和他讨论圣人的言论。那《诗》、《书》、《礼》、《乐》的道理，本来就不是平庸的人所能理解的。所以说：精通了其一，就可以精通其二；掌握了它们，就可以长期运用，并将它们推而广之，触类旁通；经常思考其中的道理，就可以理得而心安；反复琢磨并弄清遵循其中的道理，就会越来越喜欢它们。用这些道理来调理情欲就能有好处，用它们来成就名声就会有荣耀，用它们来和众人相处就能和睦融洽，用它们来独善其身就能心情快乐。是不是这样吧！

【原文】

夫貴爲天子，富有天下，是人情之所同欲也。然則從人之欲則埶不能容，物不能贍也。故先王案爲之制禮義以分之，使有貴賤之等，長幼之差，知愚、能不能之分，皆使人載其事而各得其宜，然後使慤禄多少厚薄之稱，是夫羣居和一之道也。

故仁人在上，則農以力盡田，賈以察盡財，百工以巧盡械器，士大夫以上至於公侯，莫不以仁厚知能盡官職，夫是之謂至平。故或禄天下而不自以爲多，或監門、御旅、抱關、擊柝而不自以爲寡。故曰：「斬而齊，枉而順，不同而一。」夫是之謂人倫。《詩》曰：「受小共大共，爲下國駿蒙。」此之謂也。

【译文】

高贵得做天子，富裕得拥有天下，这是人人心向往之的事。但如果顺从人们的欲望，那么从权力结构上讲，它在事实上是不可能的，从物质资源上讲，也是无法满足的。所以古代圣明的帝王给人们制定了礼义以便人们有所区别。礼义让高贵与低贱分出了等级，让年长与年幼的区别对待，让聪明人和愚笨的人，贤能的和无能的有所分别，让人人都承担自己的工作而各得其所。然后，通过俸禄的多少厚薄来和他们的地位、工作相称，这就是使人们群居在一起而能协调一致

的礼义啊。

所以，如果仁人处在君位上，农民就把力量全都用在种地上，商人就把精明全都用在理财上，各种工匠就把技巧全都用在制造器械上，士大夫以上直到公、侯之人，没有不将自己的仁慈宽厚和聪明才智都用在履行公职上的，这种情况就称之谓大治。所以，有的人富有天下也不觉得多；有的人看管城门，招待旅客，守卫关卡，巡逻打更，也不觉得自己的少。所以说：「有了差别才能达到整齐，有了枉曲才能归于顺达，有了不同才能归于一统。」这就叫人的伦常关系。《诗经》上说：「接受小法和大法，庇护邦国安天下。」说的就是这个道理。

【原文】

非相篇第五

相人，古之人無有也，學者不道也。

古者有姑布子卿，今之世，梁有唐舉，相人之形狀顏色而知其吉凶妖祥，世俗稱之。古之人無有也，學者不道也。

故相形不如論心，論心不如擇術。形不勝心，心不勝術。術正而心順之，則形相雖惡而心術善，無害爲君子也；形相雖善而心術惡，無害爲小人也。君子之謂吉，小人之謂凶。故長短、大小、善惡形相，非吉凶也。古之人無有也，學者不道也。

【译文】

通过观察人的相貌来推测人的祸福，古人不做这种事，现在有学识的人也不以为然。

以前有个相师叫姑布子卿，现在这样的年代，魏国也有个相师叫唐举。他们观察人的骨相和气色就能知道此人的吉凶祸福，民间都称道他们。古人不做这种事，现在有学识的人也不以为然。

所以，看人的面相不如讨论人的心性，讨论人的心性不如为人选择道术。面相没有心性重要，心性没有道术重要。如果道术正确而心性顺应，人的面相虽然并不好而心术善良，并不影响他成为一个君子；面相虽然娇好而心术不正，也并不影响他是个小人。在君子看来是吉祥的事情，小人却将其称之谓凶。所以，人的个子高低，身材大小，面相好看不好看，并无吉凶问题。古代的人不做这种看相的事，有学问的人对此也不以为然。

【原文】

蓋帝堯長，帝舜短，文王長，周公短，仲尼長，子弓短。昔者衛靈公有臣曰公孫呂，身長七尺，面長三尺，焉廣三寸，鼻目耳具，而名動天下。楚之孫叔敖，期思之鄙人也，突禿長左，軒較之下，而以楚霸。葉公子高，微小短瘠，行若將不勝其衣。然白公之亂也，令尹子西、司馬子期皆死焉；葉公子高入據楚，誅白公，定楚國，如反手爾，仁義功名善於後世。故事不揣長，不揳大，不權輕重，亦將志乎爾。長短、小大、美惡形相，豈論也哉！

【译文】

据说帝尧个子高，帝舜个子矮。周文王个子高，周公旦个子矮；孔子个子高，冉雍个子矮。从前，卫灵公有个臣子叫公孙吕，身高七尺，脸长三尺，额宽三寸，鼻子眼睛和耳朵也都平常，但他的名声轰动天下。楚国的孙叔敖，是期思地方的乡下人，发短而秃顶，左手比右手长，站在轩车上个子还不及车箱的横木高，但他却使楚国称霸诸侯。叶公子高，弱小矮瘦，走路时好像连衣服都撑不起来似的。但是白公胜作乱的时候，令尹子西、司马子期都死在白公手中，叶公子高却领兵入楚，杀掉白公，安定楚国，似乎是一件易如反掌的事，他的仁义功名也因此被后人所赞美。所以对于士人，不是去测量他个子的高矮，胸围的大小，不是去称量他身体的轻重，而只能看他的志向和为人处事。至于高矮、胖瘦、美丑等形体相貌方面，哪能用它来评判人呢？

【原文】

且徐偃王之狀，目可瞻馬；仲尼之狀，面如蒙倛；周公之狀，身如斷菑；皋陶之狀，色如削瓜；閎夭之狀，面無見膚；傅說之狀，身如植鰭；伊尹之狀，面無須麋；禹跳，湯偏，堯、舜參牟子。從者將論志意，比類文學邪？直將差長短，辨美惡，而相欺傲邪？

古者桀、紂長巨姣美，天下之傑也，筋力越勁，百人之敵也。然而身死

國亡，爲天下大僇，後世言惡則必稽焉。是非容貌之患也，聞見之不衆，論議之卑爾。

【译文】

再又说了，徐偃王的形状，眼睛可以向上看到前额；孔子的形状，脸好像是丑恶难看的驱鬼假面具；周公旦的形状，身体好像一棵断了的枯树；皋陶的形状，脸色像削了皮的瓜，呈青绿色；闳夭的形状，脸上的鬓须多得看不见皮肤；傅说的形状，身体好像立着的柱子；伊尹的形状，脸上没有胡须眉毛。禹是瘸了腿的，走路一跳一跳的；商汤的半身偏枯；舜的眼睛里有两个并列的瞳人。信从面相的人是考察他们的志向思想，比较他们的学问呢？还是只区别他们的高矮，分辨他们的美丑，以便来互相欺骗、互相傲视呢？

古时候，夏桀、商纣魁梧英俊，是天下出众的身材；他们的体魄敏捷强壮，足可对抗上百人。然而却把国家弄亡了，身也死于国难，成为天下最可耻的人。后世说到坏人，就一定会拿他们作例证。这并不是容貌造成的祸患啊。信从相面的人见闻不多，所以讲出的道理才会如此的不高明。

【原文】

今世俗之亂君，鄉曲之儇子，莫不美麗姚冶，奇衣婦飾，血氣態度擬於女子；婦人莫不願得以爲夫，處女莫不願得以爲士，棄其親家而欲奔之者，比肩並起。然而中君羞以爲臣，中父羞以爲子，中兄羞以爲弟，中人羞以爲友，俄則束乎有司而戮乎大市，莫不呼天啼哭，苦傷其今而後悔其始。是非容貌之患也。

聞見之不衆，論議之卑爾。然則從者將孰可也？

【译文】

现在世上犯上作乱的人，乡里的轻薄少年，没有不美丽娇艳的。他们穿着奇装异服，像妇女那样装饰打扮自己，神情态度都和女人相似；女人无不想得到这样的人做丈夫，姑娘无不想得到这样的人做未婚夫，抛弃了自己的亲人家庭而想和他们私奔的女人，比肩接踵。但是一般的国君羞于把这种人作为臣子，一般的父亲羞于有这样的儿子，一般的哥哥羞于有这样的弟弟，一般的人羞于和他们做朋友。不久，当这些人被官吏绑了去而在大街闹市中杀头时，他们无不呼天喊地，号啕大哭，一个个都痛心自己今天的下场，从而后悔自己当初的行为。这并不是容貌造成的祸患啊。

信从相面的人见闻不多，所以讲出来的道理也是如此的不高明。说到这儿，你在以相貌取人和以思想论人这两者之间，将赞同哪一种意见呢？

【原文】

人有三不祥：幼而不肯事長，賤而不肯事貴，不肖而不肯事賢，是人

之三不祥也。人有三必窮：爲上則不能愛下，爲下則好非其上，是人之一必窮也。鄉則不若，偝則謾之，是人之二必窮也。知行淺薄，曲直有以相懸矣，然而仁人不能推，知士不能明，是人之三必窮也。人有此三數行者，以爲上則必危，爲下則必滅。《詩》曰：「雨雪瀌瀌，宴然聿消。莫肯下隧，式居屢驕。」此之謂也。

【译文】

人有三种不吉祥：年幼的不肯侍奉年长的，卑贱的不肯侍奉尊贵的，没有德才的不肯侍奉贤能的，这是人们的三种祸害。人有三种必然会陷于困厄的情况：做了君主却不能爱护臣民，做了臣民却喜欢非议君主，这是人使自己必然陷于困厄的第一种情况；当面不如人，背后又毁谤，这是人使自己必然陷于困厄的第二种情况；知识浅陋，德行不厚，辨别是非曲直的能力又与别人相差悬殊，但对仁爱之人却不推崇，对明智之士却不尊重，这是人使自己必然陷于困厄的第三种情况。一个人如果有了这三不祥、三必穷中的一种，如果当君主就必然危险，做臣民就必然灭亡。《诗经》上说：「下雪纷纷满天飘，阳光灿烂便融消。他却不肯自引退，在位经常要蛮骄。」说的就是这种情况。

【原文】

人之所以爲人者，何已也？曰：以其有辨也。飢而欲食，寒而欲煖，勞而欲息，好利而惡害，是人之所生而有也，是無待而然者也，是禹、桀之所同也。

然則人之所以爲人者，非特以二足而無毛也，以其有辨也。今夫狌狌形笑，亦二足而毛也，然而君子啜其羹，食其胾。故人之所以爲人者，非特以其二足而無毛也，以其有辨也。

夫禽獸有父子而無父子之親，有牝牡而無男女之別，故人道莫不有辨。

辨莫大於分，分莫大於禮，禮莫大於聖王。聖王有百，吾孰法焉？故曰：文久而息，節族久而絶，守法數之有司極禮而褫。故曰：欲觀聖王之跡，則於其粲然者矣，後王是也。彼後王者，天下之君也，舍後王而道上古，譬之是猶舍己之君而事人之君也。故曰：欲觀千歲則數今日，欲知億萬則審一二，欲知上世則審周道，欲知周道則審其人所貴君子。故曰：以近知遠，以一知萬，以微知明。此之謂也。

【译文】

人之所以为人的本质特征，到底是根据什么来定的呢？我要说：是由于人对世界万物都规定出了分辨的界限。

饿了就想吃饭，冷了就想取暖，累了就想休息，喜欢得利而厌恶受害，这是人生来就有的本

性。这种本性是用不着学习而天生如此的，也是禹和桀也都完全相同的。

然而人之所以成为人，并不只是由于他们是两只脚而身上没有毛，而是由于他们对世界万物都规定出了分辨的界限。现在人们发现，猩猩的形状与人相似，也是两只脚，只是身上有毛罢了。可是君子却尝它的肉羹，吃它的肉块。所以人之所以为人的本质特征，并不是由于他们的两只脚和身上没有毛，而是根据他们对世界万物都规定出的分辨的界限。

禽兽也有父有子，但它们没有父子之间的亲情；它们也有雌有雄，但它们没有男女之间的界限。而人类作为社会性的群居动物，我们对所有的事物都规定出分辨的界限，以便人们分类区别并加以认识利用。

对世界万物规定出分辨的界限以便人们区别的事情，最重要的是对人的上下尊卑身份地位进行区分。在确定人们的身份地位时，最重要的也就是礼了；而礼制秩序中最重要的就是尊重圣人和帝王。可圣王有上百个，我们该效法哪一个呢？而这也正是我要说的：礼仪制度因年代久远而湮没，音乐节奏因年代久远而失传，掌管具体礼法的官吏也因年代久远而有所脱漏。所以说：想要观察圣王的事迹，就得具体观察我们所熟悉且能够考察清楚的人物，而这些人物正是后代的帝王。那些后代的帝王，就是现在统治天下的君主。不看后代圣王的治道而去称道上古的圣王，打个比方说，这就好像离开自己的君主而去侍奉别国的君主。所以说：想要观察了解千年的往事，首先要仔细审察当今的现实；想知道千千万万的事物，首先要弄清楚眼前的一两件事物；要想知道上古的社会情况，首先要审察现在周王朝的治国之道；要想知道周王朝的治国之道，首先要审察他们所尊重的君子。所以说：根据近的来知远，通过一事以知万，洞察隐微知明显。说的就是这个道理。

【原文】

夫妄人曰：「古今異情，其以治亂者異道。」而衆人惑焉。彼衆人者，愚而無説，陋而無度者也。其所見焉，猶可欺也，而況於千世之傳也！妄人者，門庭之間，猶可誣欺也，而況於千世之上乎！

聖人何以不欺？曰：聖人者，以己度者也。故以人度人，以情度情，以類度類，以説度功，以道觀盡，古今一度也。類不悖，雖久同理。故鄉乎邪曲而不迷，觀乎雜物而不惑，以此度之。五帝之外無傳人，非無賢人也，久故也。五帝之中無傳政，非無善政也，久故也。禹、湯有傳政而不若周之察也，非無善政也，久故也。

傳者久則論略，近則論詳，略則舉大，詳則舉小。愚者聞其略而不知其詳，聞其詳而不知其大也，是以文久而滅，節族久而絶。

【译文】

那些无知而胡言乱语的人说：「古今情况不同，它们之所以治和之所以乱的道理当然也就不一样。」于是，一般的群众也就被他们搞糊涂了。所谓一般的群众，就是才性愚笨而说不出个道理，见识浅陋而没有是非标准的人。他们亲眼看见的东西，尚且可以受人欺骗，更何况几千年前的传闻呢！那些无知而胡言乱语的人，他们就近在门前和庭院，连他们自己都可以上当受骗，更何谈听他们论说几千年之前的事呢！

圣人说的话为什么就一定不欺瞒呢？这是因为圣人是根据自己的切身体验来推断事物的人。所以，他根据现代人的情况去推断古代的人，根据现代的人情去推断古代的人情，根据现代的某一类事物去推断古代的同类事物，根据流传至今的学说去推断古人的功业，根据事物的普遍规律去观察古代的一切，这样，古今的基本规律也就是一样的了。事物的类别是各从其类而不相互参差的，所以，虽然事隔久远，它们仍然会遵循同一个道理。

所以圣人面对多么纷乱的说法都可以不被迷惑，他们观察多复杂的事物也不会被搞糊涂。根据古今一理统同类的观念来衡量万事万物，在五帝之前，虽然没有名人流传到后世，却并非那时没有贤能的人，而是因为时间太久未能流传下来。五帝时代的具体政治措施没有流传到后世，也并不是他们没有好的政治措施，而是因为时间太久未能流传下来。夏禹和商汤时代的政治措施虽然有流传到后世的，但却没有周代的清楚，这并非禹汤时代没有好的政治措施，也只是因为时间太久未能流传下来。

历史上流传下来的东西，时间一长，谈论起来就简略了；近代的事情，谈起来总是非常的详尽。简略的往事，人们只能列举它的大概；详尽的事情，人们就能列举它的细节。愚笨的人一听到些简略的论述，就不再去思考那详尽的细节，一听到些详尽的细节，就不再去思考事物的一般规律。所以，礼仪制度便会因为年代久远而湮没，音乐的节奏也便因为年代久远而失传。

【原文】

凡言不合先王，不順禮義，謂之姦言，雖辯，君子不聽。法先王，順禮義，黨學者，然而不好言，不樂言，則必非誠士也。故君子之於言也，志好之，行安之，樂言之。故君子必辯。凡人莫不好言其所善，而君子爲甚。故贈人以言，重於金石珠玉；觀人以言，美於黼黻、文章；聽人以言，樂於鐘鼓琴瑟。故君子之於言無厭。鄙夫反是，好其實，不恤其文，是以終身不免埤汙傭俗。故《易》曰：「括囊，無咎無譽。」腐儒之謂也。

【译文】

所有不合先王之道，礼制道义的学说，可以叫做奸言，虽然说起来很雄辩，君子们是不会听信的。效法先王，遵循礼义，结党为学，但却不喜爱和人讲他的道理，不乐意和人谈他们的学说，那么，这些人就一定不是诚信的学士。所以，君子对于各种学说，心里喜爱，行为落实，乐意说给人听。所以君子是一定喜爱和人谈辩的。所有的人，无不喜爱谈论自己的善言嘉行，而君子们更是有过之而无不及。所以送人以言，比送人金石珠玉还珍贵；看人演讲，比看那些漂亮的服

饰图画更美好；听人讲话，比听钟鼓琴瑟的音乐更快乐。所以君子从来不会厌恶谈论各种学说。鄙俗的人与此相反，他们重视的是实惠，根本不把道理文章放在心上，所以，也就一辈子不免于庸俗不堪地做些粗脏繁重的活计。所以《易经》上说：「说些抽象空洞的大道理，既不会获罪也不会带来荣誉。」这实际上说的是腐儒。

【原文】

凡說之難，以至高遇至卑，以至治接至亂。未可直至也，遠舉則病繆，近世則病傭。善者於是閒也，亦必遠舉而不繆，近世而不傭。與時遷徙，與世偃仰，緩急嬴絀，府然若渠匽檃栝之於己也，曲得所謂焉，然而不折傷。

故君子之度己則以繩，接人則用抴。度己以繩，故足以爲天下法則矣；接人用抴，故能寬容，因求以成天下之大事矣。故君子賢而能容罷，知而能容愚，博而能容淺，粹而能容雜，夫是之謂兼術。《詩》曰：「徐方既同，天子之功。」此之謂也。

【译文】

大凡劝说人的难处是：怀着极其崇高的理想境界去和那些极其卑下的人打交道，带着最能将国家治理好的政治措施去和那些最能把国家搞乱的人面对面。这不能直截了当达到目的。列举远古的事容易流于谬悠迂阔，列举近代的事实又容易流于庸俗鄙琐。善于劝说的人在这两者之间，必须做到举远古事例而不谬悠迂阔，举近代的事实又不显得庸俗鄙琐。说话内容要随着时代的发展情景的不同而不断调整，随着世俗的流行观念而有所节制和夸张；是说得和缓些还是说得急切些，是多说一些还是少说一些，都能根据不同的情况随机应变。要让情与理像阻拦流水的渠坝，矫正竹木的工具那样，适当运用它们来控制住自己；婉转地把想要说的话都说了，对方听了之后既能听信又不至于使他受到挫伤。

所以，君子的严于律己就像木工用墨线来取直一样，宽以待人就像艄公用舟船接客一样。用墨线似的严格准则律己，所以能够使自己成为天下人效法的榜样；用舟船似的自然导引待人，所以能够对他人宽广容纳；因为君子追求的是成就治理天下的大业！君子贤能而能容纳无能的人，君子聪明而能容纳愚笨的人，君子博闻多识而能容纳孤陋寡闻的人，君子道德纯洁而能容纳品行驳杂的人，这叫做兼容并蓄之法。《诗经》上说：「徐国已经来顺从，这是天子的大功。」说的就是这个理儿。

【原文】

談說之術：矜莊以莅之，端誠以處之，堅彊以持之，分別以喻之，譬稱以明之；欣驩芬薌以送之，寶之珍之，貴之神之，如是則說常無不受。雖不說人，人莫不貴，夫是之謂爲能貴其所貴。傳曰：「唯君子爲能貴其所貴。」此之謂也。

【译文】

谈话劝说的方法是：以严肃庄重的态度去面对，以端正真诚的心态来处理，以坚定刚强的意志去扶持对方，用条分缕析的方法来使他通晓，用比喻称引来使他明了，热情和气地向他灌输，使自己的话显得宝贵珍异且重要神妙。这样说话，被劝说的人就往往会接受你。即使不去专门讨好，别人也会很尊重你。这叫做能把自己所珍重的东西推销出去，得到别人的珍重。古书上说："只有君子才能使自己所珍重的东西得到别人珍重。"说的就是这种情况。

【原文】

君子必辯。凡人莫不好言其所善，而君子爲甚焉。是以小人辯言險而君子辯言仁也。言而非仁之中也，則其言不若其默也，其辯不若其吶也；言而仁之中也，則好言者上矣，不好言者下也。故仁言大矣。起於上所以道於下，正令是也；起於下所以忠於上，謀救是也。故君子之行仁也無厭。志好之，行安之，樂言之，故言君子必辯。小辯不如見端，見端不如見本分。小辯而察，見端而明，本分而理，聖人士君子之分具矣。

有小人之辯者，有士君子之辯者，有聖人之辯者。不先慮，不早謀，發之而當，成文而類，居錯遷徙，應變不窮，是聖人之辯者也。先慮之，早謀之，斯須之言而足聽，文而致實，博而黨正，是士君子之辯者也。聽其言則辭辯而無統，用其身則多詐而無功，上不足以順明王，下不足以和齊百姓，然而口舌之均，噡唯則節，足以爲奇偉偃卻之屬，夫是之謂姦人之雄，聖王起，所以先誅也。然後盜賊次之。盜賊得變，此不得變也。

【译文】

君子一定是能说会道的。所有的人，都喜欢谈论自己认为是好的东西，而君子更是有过之而无不及。但小人能说会道，是宣扬险恶之术；而君子能说会道，是宣扬仁爱之道。说起话来如果不符合仁爱之道，那么他开口说话还不如他沉默不语，他能说会道还不如他拙嘴笨舌；话如果能说得符合仁爱之道，喜欢谈说的人就是上等人，而不喜欢说话的人就是下等人。所以合乎仁爱之道的议论是十分重要的。产生于君主而用来指导臣民的，就是政策与命令；产生于臣民而用来效忠于君主的，就是建议与要求。所以君子奉行仁爱之道从不厌倦，心里喜欢它，行动遵循它，乐意谈论它，所以说君子一定要能说会道。辩论细节能明察秋毫，明察秋毫不如强调固有名分。辩论细节能明察秋毫，整理头绪能明白清楚，固有的名分能治理，那么圣人、士君子的身份也就具备了。

有小人式的辩说，有士君子式的辩说，有圣人式的辩说。不预先考虑，不作谋划，一发言就很得当，既富有文采，又合乎礼法，措辞和改换话题，都能随机应变而不会穷于应付，这是圣人式的辩说。预先考虑，及早谋划，片刻的讲话也弄得认真耐听，既有文采又严谨实在，既渊博又公

正，这是士君子式的辩说。听他说话，言辞动听却没有系统；用他做事则诡诈多端而不见功效。这种人上不能顺从圣王，下不能使百姓和谐一致。但是他讲话很有分寸，或夸夸其谈，或唯唯诺诺，调节得宜很是让人欢心；这类人足以靠口才而突然异军突起，可称为坏人中的奸雄。圣王一上台，首先要杀掉的就是这种人。然后再处理强盗窃贼的问题。因为盗贼还能够转变为你所用，而这种人是不可能悔过自新的。

非十二子篇第六

【原文】

假今之世，飾邪說，文姦言，以梟亂天下，矞宇嵬瑣，使天下混然不知是非治亂之所存者有人矣。

【译文】

如今这个时代，有这样一些人，他们粉饰邪恶的说法，美化奸诈的言论，以此来搞乱天下；他们用诡诈、夸大、怪异、委琐的言论，使天下人稀里糊涂地不知道是非之标准、治乱之本根。

【原文】

縱情性，安恣睢，禽獸行，不足以合文通治；然而其持之有故，其言之成理，足以欺惑愚衆，是它囂、魏牟也。

忍情性，綦谿利跂，苟以分異人爲高，不足以合大衆，明大分；然而其持之有故，其言之成理，足以欺惑愚衆，是陳仲、史鰌也。

不知壹天下、建國家之權稱，上功用、大儉約而僈差等，曾不足以容辨異、縣君臣；然而其持之有故，其言之成理，足以欺惑愚衆，是墨翟、宋鈃也。

尚法而無法，下修而好作，上則取聽於上，下則取從於俗，終日言成文典，反紃察之，則倜然無所歸宿，不可以經國定分；然而其持之有故，其言之成理，足以欺惑愚衆，是慎到、田駢也。

不法先王，不是禮義，而好治怪説，玩琦辭，甚察而不惠，辯而無用，多事而寡功，不可以爲治綱紀；然而其持之有故，其言之成理，足以欺惑愚衆，是惠施、鄧析也。

略法先王而不知其統，猶然而材劇志大，聞見雜博。案往舊造說，謂之五行，甚僻違而無類，幽隱而無說，閉約而無解。案飾其辭而祇敬之曰：此真先君子之言也。子思唱之，孟軻和之，世俗之溝猶瞀儒，嚾嚾然不知其所非也，遂受而傳之，以爲仲尼、子游爲茲厚於後世。是則子思、孟軻之罪也。

【译文】

像它嚣、魏牟这样的人：他们纵情任性，放荡恣肆，行为像禽兽。他们的学说虽然和礼义

不合，用来治世也不通；但却可以言之成理，持之有故，用来欺骗和蒙蔽一部分愚昧的民众还是绰绰有余的。

陈仲、史鰌这一类人：抑制人的本然性情，离世独立，超凡脱俗；他们标榜与众不同，不明忠孝大义；但他们的理论也能持之有故，言之成理，用来欺骗和蒙蔽一部分愚昧的民众，也是足够的了。

墨翟、宋钘们，不懂得如何一统天下并为国家建立法度；却崇尚功利实用，重视节俭而反对等级差别。尽管这种理论竟然不承认人与人之间的等级差别，也不允许君臣上下有悬殊；但他们这种理论却也言之成理，持之有故，足以用来欺骗和蒙蔽一部分愚昧的民众。

慎到、田骈这一类人，推崇法典却没个法度，鄙视贤能的人而喜欢自作主张。上从君主，下依世俗，整天讨论要制定成文法典，但如果反复考察他们制定的法典，就会发现它们迂阔得很，没有一个确定的逻辑前提，实际目标也不清楚。所以，不可以用来确定名分并治理国家。但是他们的理论也是言之成理，持之有故，足以用来欺骗和蒙蔽一部分愚昧的民众。

惠施、邓析一类人，不效法古帝王，不称颂礼与义，而喜欢钻研奇谈怪论，玩弄逻辑的无用辞藻。这种理论虽然可以明察秋毫却不能使人得到什么好处，雄辩动听而见不到有什么用处，整日忙碌却见不到什么功效。所以，这种理论不可以作为治国的纲领。但是他们的理论也是言之成理，持之有故，足以用来欺骗和蒙蔽一部分愚昧的民众。

子思、孟轲的罪过在于：表面上效法古帝王却不得要领，却自以为才华横溢、志向远大、见闻丰富、知识广博。根据传统旧说来创建新说，把它称为五常。这种理论很是乖僻背理而不合礼法，看起来幽深隐微却难以言说清楚，晦涩缠结而无从解释，却还自我粉饰而郑重其事地说：这正是先师孔子的真谛啊。子思倡导，孟轲附和，社会上那些愚昧无知的儒生却七嘴八舌地称颂而不知道他们的错误，于是就予以接受并进行传授，以为是孔子、子弓的真正精髓并以此赐惠后代。

【原文】

若夫總方略，齊言行，壹統類，而羣天下之英傑，而告之以大古，教之以至順，奥窔之閒，簟席之上，斂然聖王之文章具焉，佛然平世之俗起焉，六説者不能入也，十二子者不能親也，無置錐之地而王公不能與之爭名，在一大夫之位則一君不能獨畜，一國不能獨容，成名況乎諸侯，莫不願以爲臣，是聖人之不得埶者也，仲尼、子弓是也。

一天下，財萬物，長養人民，兼利天下，通達之屬，莫不從服，六説者立息，十二子者遷化，則聖人之得埶者，舜、禹是也。

今夫仁人也，將何務哉？上則法舜、禹之制，下則法仲尼、子弓之義，以務息十二子之説，如是則天下之害除，仁人之事畢，聖王之跡著矣。

【译文】

至于孔子、子弓，他们总括治国的方略，端正自己的言行，统一治国的纲纪，从而汇聚天下之英杰，而告诉他们治国之大道，教导他们真正的道理。在孔门的室堂之内、竹席之上，集聚着圣王的礼义制度，勃然兴起了太平盛世的风俗。上述六种学说与孔子的学说是不能比拟的；那十二个人与孔子也是相距甚远的。孔子虽无立锥之地，但天王三公却不能和他争名；孔子虽只有一个大夫的名分，但任何一个国君都不能单独役使他，任何一个国家都无法独自容纳他。他的名望虽类同于诸侯，各国诸侯却都想起用他。他是圣人，只可惜没有得到权势啊！

舜、禹一统天下，掌控万物，养育人民，普天之下都因之而得到好处。（凡舜、禹的权力）所及之处，没有人不服从，上述那六种学说，便立刻销声匿迹，与那十二个人类似的人也都改邪归正。（与孔子不同）舜、禹既是圣人，又得到了权力。

当今的仁人志士，该致力于什么呢？应该学习上古的舜、禹政治，师法孔子、子弓的道义，努力消除上述十二个人的学说。这样，则天下的祸害被去除，仁人志士的使命完成，圣明帝王的事业也就会实现。

【原文】

信信，信也；疑疑，亦信也。貴賢，仁也；賤不肖，亦仁也。言而當，知也；默而當，亦知也。故知默猶知言也。故多言而類，聖人也；

少言而法，君子也；多少無法而流湎然，雖辯，小人也。故勞力而不當民務謂之姦事，勞知而不律先王謂之姦心，辯說譬諭、齊給便利而不順禮義謂之姦説。此三姦者，聖王之所禁也。

知而險，賊而神，爲詐而巧，言無用而辯，辯不惠而察，治之大殃也。行辟而堅，飾非而好，玩姦而澤，言辯而逆，古之大禁也。知而無法，勇而無憚，察辯而操僻，淫大而用之，好姦而與衆，利足而迷，負石而墜，是天下之所棄也。

【译文】

相信可信的，是信；怀疑可疑的，也是信。尊重贤人，是仁爱；鄙视不贤的人，也是仁爱。说得恰当，是明智；沉默得当，也是明智。所以，懂得沉默不言也就是学会了说话。话说得多而合乎法度，就是圣人；话说得少而合乎法度，可以说是君子；不管说多说少，说不到点子上还自鸣得意地爱说，即使能言善辩，仍然是个小人。费尽力气地干那些不合于民众需求的事，叫做邪政；耗尽心力而不合古代圣王的法度，叫做奸心；辩论、比喻起来口齿伶俐而不合礼义，就叫做邪说。这三种奸邪的东西，是圣明的帝王所要禁止的。

生性聪明而险恶，手段狠毒而高明，行为诡诈而巧妙，言论不得要领而雄辩动听，作无益之辩论而又善于察言观色，都是政治秩序的大祸害。为非作歹而又很坚决，文过饰非而似很完美，

擅长谋略好像有恩泽，能言善辩而违反常识，这些是古代特别加以禁止的。智慧而不守法度，勇敢而无所敬畏，明察善辩而论点怪僻，荒淫骄奢而刚愎自用，喜欢阴谋诡计而同党众多，这就像善于奔跑而误入迷途，背着石头而失足掉下，这都是天下人应抛弃的啊！

【原文】

兼服天下之心：高上尊貴不以驕人，聰明聖知不以窮人，齊給速通不爭先人，剛毅勇敢不以傷人；不知則問，不能則學，雖能必讓，然後爲德。

遇君則修臣下之義，遇鄉則修長幼之義，遇長則修子弟之義，遇友則修禮節辭讓之義，遇賤而少者則修告導寬容之義。無不愛也，無不敬也，無與人爭也，恢然如天地之苞萬物。如是則賢者貴之，不肖者親之。如是而不服者，則可謂訞怪狡猾之人矣，雖則子弟之中，刑及之而宜。《詩》云：「匪上帝不時，殷不用舊。雖無老成人，尚有典刑。曾是莫聽，大命以傾。」此之謂也。

【译文】

征服天下人心的办法是：高高在上、职位尊贵，却不傲视别人；聪明睿智、知博理通，却不让人难堪；才思敏捷、迅速领悟，却不在别人面前逞能炫耀；刚强坚毅、勇敢大胆，却不去伤害别人。不懂就请教，不会就学习；即使能干也一定谦让，这样才算有道德。

在君主面前就行臣子之道，在乡亲面前就讲求长幼之义；面对父母兄长，遵行子弟的规矩，面对朋友，讲求礼节谦让；面对地位卑贱而又年纪小的，则要既对之进行教导而又要对之宽容。对人无所不爱，对事无所不敬。不要与人争执不休，（对不同意见的人）要心胸宽广，就像天地那样可以包容万物。这样，就会使贤人尊重你，不贤的人亲近你。如果这样做了还有人对你不心悦诚服，那他可能就算得上是一个怪异奸滑的人了。（对于这种人）即使他是你的子弟，也应该对他施加刑罚。《诗经》中说：「并非上帝不善良，殷王不遵旧典章。虽然没有老成臣，仍有典刑可依循。竟连典章也不听，王朝天命自断送。」讲的就是这个道理。

【原文】

古之所謂士仕者，厚敦者也，合羣者也，樂富貴者也，樂分施者也，遠罪過者也，務事理者也，羞獨富者也。今之所謂士仕者，汙漫者也，賊亂者也，恣睢者也，貪利者也，觸抵者也，無禮義而唯權埶之嗜者也。

古之所謂處士者，德盛者也，能靜者也，修正者也，知命者也，著是者也。今之所謂處士者，無能而云能者也，無知而云知者也，利心無足而佯無欲者也，行僞險穢而彊高言謹愨者也，以不俗爲俗，離縱而跂訾者也。

【译文】

古人所说出仕的官员，是朴实厚道的人，是和民众和睦相处的人，是乐于富贵的人，是乐善好施的人，是远离罪过的人，是努力依理办事的人，是以独自富裕为羞耻的人。现在所说的出仕的官员，是污秽卑鄙的人，是破坏捣乱的人，是恣肆放荡的人，是贪图私利的人，是违法乱纪的人，是不顾礼义而只贪嗜权势的人。

古代所说的不出仕的隐士，是品德高尚的人，是恬淡宁静的人，是善良正派的人，是知道天命的人，是彰明正道的人。现在所说的不出仕的隐士，是没有才能而自吹有才能的人，是没有智慧而自吹有智慧的人，是贪得之心未能满足而又假装没有贪欲的人，是行为阴险肮脏而又硬要吹嘘自己谨慎老实的人，是背离世俗而放任自己、高傲独行而诋毁别人的人。

【原文】

士君子之所能不能爲：君子能爲可貴，不能使人必貴己；能爲可信，不能使人必信己；能爲可用，不能使人必用己。故君子恥不修，不恥見汙；恥不信，不恥不見信；恥不能，不恥不見用。是以不誘於譽，不恐於誹，率道而行，端然正己，不爲物傾側，夫是之謂誠君子。《詩》云：「温温恭人，維德之基。」此之謂也。

士君子之容：其冠進，其衣逢，其容良，儼然，壯然，祺然，蕼然，恢恢然，廣廣然，昭昭然，蕩蕩然，是父兄之容也。其冠進，其衣逢，其容愨，儉然，恀然，輔然，端然，訾然，洞然，綴綴然，瞀瞀然，是子弟之容也。

吾語汝學者之嵬容：其冠絻，其纓禁緩，其容簡連；填填然，狄狄然，莫莫然，瞡瞡然，瞿瞿然，盡盡然，盱盱然，酒食聲色之中則瞞瞞然，瞑瞑然；禮節之中則疾疾然，訾訾然；勞苦事業之中則儢儢然，離離然，偷儒而罔，無廉恥而忍謑詢：是學者之嵬也。

弟佗其冠，神禫其辭，禹行而舜趨，是子張氏之賤儒也。正其衣冠，齊其顔色，嗛然而終日不言，是子夏氏之賤儒也。偷儒憚事，無廉恥而耆飲食，必曰君子固不用力，是子遊氏之賤儒也。

彼君子則不然。佚而不惰，勞而不優，宗原應變，曲得其宜，如是，然後聖人也。

【译文】

士君子所能做到和不能做到的是：君子能做到因品德高尚而被人尊重，但不能强迫别人尊重自己；能做到因忠诚老实而被人信任，但不能强迫人相信自己；能做到因多才多艺而被人任用，但不能强迫人重用自己。所以，君子会因自己的品德不好而耻辱，而不会因被人污蔑而耻辱；会因为自己不诚实而耻辱，而不会因为不被信任而耻辱；会因为自己的无能而耻辱，

而不会因不被重用而耻辱。因此，君子不会被虚荣所诱惑，也不会被诽谤所吓倒。循道而行，端正自己，不会为身外之物而神魂颠倒，这就叫真正的君子。《诗经》中说：「温良谦恭的人啊，他以德行为根本。」这里说的就是士君子。

士君子的仪容是：帽子高耸，衣服宽大，面容和蔼可亲，庄重，伟岸，安泰，洒脱，宽宏，开阔，明朗，坦荡，做父兄的应该是这个样子。帽子高耸，衣服宽大，面容谨慎诚恳，俭朴，温顺，亲热，端正，柔弱，谦恭，追随左右，不敢正视，做子弟的应该是这个样子。

我告诉你们那些学者的怪模样：帽子向前弯戴着，帽带系得稀松，面容傲慢自大，自满自足；时而蹦蹦跳跳，时而闷闷不乐；要么眯起眼睛东张西望，要么睁大眼睛盯着不放，似乎什么都懂，一览无余的样子。在吃喝玩乐的时候，神情迷乱，沉溺其中；在行礼节的时候，面有怨色，口出怨言；在劳苦的工作之中，懒懒散散，躲躲闪闪，苟且偷安并且满不在乎，无廉耻而忍辱骂。这就是那些学者的模样。

帽子戴得歪斜欲坠，话说得平淡无味，学禹的跛行，学舜的快走，这是子张一派的贱儒。衣冠整齐，面色严肃，口里像含着什么东西似的整天不说话，这是子夏一派的贱儒。苟且偷安懒惰怕事，没有廉耻之心而热衷于吃吃喝喝，总是说君子本来就不用从事体力劳动，这是子游一派的贱儒。

那些真正的君子就不是这样的。他们虽然安逸而不懒惰，即使劳苦也不懈怠，尊奉原则又

能应付各种事变，什么事情都生着法儿处理妥当，这样，就可以成为圣人了。

仲尼篇第七

【原文】

仲尼之門人，五尺之豎子言羞稱乎五伯。是何也？

曰：然，彼誠可羞稱也。齊桓，五伯之盛者也，前事則殺兄而爭國；內行則姑姊妹之不嫁者七人，閨門之內，般樂奢汏，以齊之分奉之而不足；外事則詐邾，襲莒，并國三十五。其事行也若是其險汙淫汏也，彼固曷足稱乎大君子之門哉！

【译文】

孔子的门徒中，五尺高的小童，说起话来都以称道五霸为羞耻。这是为什么呢？

回答说：是的，因为那五霸确实不值得称道。齐桓公，是五霸中最负盛名的，但拿他过去的事情来说，他是杀了他的哥哥来争夺国家的政权；拿他在家庭内部的行为来说，他的姑姑、姐姐、妹妹中因相互之间淫乱而不愿意出嫁的就有七个；在宫门之内，他纵情作乐，奢侈淫逸，用齐国税收的一半来供养他们还不够；拿对外事务来说，他欺骗邾国，袭击莒国，兼并统一了三十五个国家。他的所作所为能如此地险恶肮脏放荡奢侈，他怎么能够在伟大的孔圣人门下得到称道呢？

【原文】

若是而不亡，乃霸，何也？

曰：於乎！夫齊桓公有天下之大節焉，夫孰能亡之？倓然見管仲之能足以託國也，是天下之大知也。安忘其怒，出忘其讎，遂立以爲仲父，是天下之大決也。立以爲仲父，而貴戚莫之敢妬也；與之高、國之位，而本朝之臣莫之敢惡也；與之書社三百，而富人莫之敢距也。貴賤長少，秩秩焉莫不從桓公而貴敬之，是天下之大節也。諸侯有一節如是，則莫之能亡也；桓公兼此數節者而盡有之，夫又何可亡也？其霸也宜哉！非幸也，數也。

【译文】

既然齐桓公如此的不遵古道，为什么他不仅没有灭亡，竟然还能称霸于诸侯呢？

答道：唉哟！那个齐桓公他掌握了治理天下的关键问题呀，谁还能灭掉他呢？他坚定不移地信任管仲的才能，把国家大事完全托付给他，这是天下最大的明智。他当稳了齐国君主后，能忘掉自己危急时对管仲的愤怒，逃出险境后就不再计较对管仲的仇恨，最终把管仲尊称为仲父，这是天下最重要的决断。把管仲尊称为仲父，国君的内外亲族没人敢嫉妒；给管仲以高氏、国氏般的尊贵地位，朝廷大臣没人敢怨恨；给管仲三百社的土地人口，富豪人家没人能和管仲抗衡；举国上下，从高贵到卑贱，老老少少，都秩序井然地跟着桓公尊敬管仲；这些都是治理天下的关键问题。诸侯国君只要掌握了一两个这样的关键就没人能灭掉他。桓公掌握了所有这些重要的关键要领，又怎么可能被灭掉呢？他称霸诸侯是理所当然的！并非侥幸，而是有定数的。

【原文】

然而仲尼之門人，五尺之豎子言羞稱乎五伯，是何也？

曰：然。彼非本政教也，非致隆高也，非綦文理也，非服人之心也。鄉方略，審勞佚，畜積修鬭而能顛倒其敵者也。詐心以勝矣，彼以讓飾爭，依乎仁而蹈利者也，小人之傑也，彼固曷足稱乎大君子之門哉！

彼王者則不然。致賢而能以救不肖，致彊而能以寬弱，戰必能殆之而羞與之鬭，委然成文以示之天下，而暴國安自化矣，有災繆者然後誅之。故聖王之誅也，綦省矣。文王誅四，武王誅二，周公卒業，至於成王則安以無誅矣。

故道豈不行矣哉！文王載百里地而天下一，桀、紂舍之，厚於有天下之埶而不得以匹夫老。故善用之，則百里之國足以獨立矣；不善用之，則楚六千里而爲讎人役。故人主不務得道而廣有其埶，是其所以危也。

【译文】

然而孔子的门徒中，连五尺高的童子一说起来都以称道五霸为羞耻，这是为什么呢？

回答说：是这样的。因为五霸们没有把政治教化作为立国之本，没有达到讲求礼义的崇高政治境界，没有建立健全的礼义制度，因此，无法让人心悦诚服。他们只是些讲究治国御敌的方法策略，能注意到让民众劳逸结合，积蓄财富国力，加强战备因而能颠覆打败他们的敌人的人。他们只是依靠诡诈的谋略才获取到了自己的胜利，只是些以谦让来掩饰争夺，依靠仁爱之名来追求实利的人，是小人中的英雄豪杰，怎么能够在伟大的孔圣人门下获得称道呢？

那些称王天下的人就不是这样。他们极其贤能却去救助不贤能的国君；他们极为强大，却能够宽容弱小国家；打起仗来一定能让对方屈服，却羞于和别国进行战争；他们安然无事地制定好礼义制度并把它们昭示于天下，暴虐的国家在道德的感召之下就自然变得安然顺化了；如果还有国君敢于祸国殃民，荒谬乖戾，然后再去谴责惩罚他。所以，圣明帝王对别国的责罚是极少的。周文王只讨伐了四个国家，周武王只诛杀了两个人，周公旦完成了称王天下的大业，到了周成王的时候，就安然无事，不再有杀伐了。

礼义之道怎么会不能推行了呢？文王推行礼义之道，虽然只有百里见方的国土，但天下被他统一了。夏桀和商纣王抛弃了礼义之道，虽然实力雄厚，掌握着统治天下的权力，却无法像平民百姓那样寿终正寝。所以，善于运用礼义之道，百里见方的国家就完全可以独自生存了；不善于运用礼义之道，就连楚国那样大到有六千里国土的国家，也还是被自己的仇敌秦国所役使。所以，为人君的人不致力于运用礼义之道而只求扩张自己的势力，这就是他们之所以危亡的原因！

【原文】

持寵處位終身不厭之術：主尊貴之，則恭敬而僔；主信愛之，則謹慎而嗛；主專任之，則拘守而詳；主安近之，則慎比而不邪；主疏遠之，則全一而不倍；主損絀之，則恐懼而不怨。貴而不爲夸，信而不處謙，任重而不敢專；財利至則善而不及也，必將盡辭讓之義然後受，福事至則和而理，禍事至則靜而理，富則施廣，貧則用節，可貴可賤也，可富可貧也，可殺而不可使爲姦也，是持寵處位終身不厭之術也。雖在貧窮徒處之埶，亦取象於是矣，夫是之謂吉人。《詩》曰：「媚茲一人，應侯順德。永言孝思，昭哉嗣服。」此之謂也。

求善處大重，理任大事，擅寵於萬乘之國，必無後患之術：莫若好同之，援賢博施，除怨而無妨害人。能耐任之，則慎行此道也。能而不耐任，且恐失寵，則莫若早同之，推賢讓能而安隨其後。如是，有寵則必榮，失寵則必無罪，是事君者之寶而必無後患之術也。

故知者之舉事也，滿則慮嗛，平則慮險，安則慮危，曲重其豫，猶恐及其旤，是以百舉而不陷也。孔子曰：「巧而好度必節，勇而好同必勝，知而好謙必賢。」此之謂也。

愚者反是。處重擅權，則好專事而妬賢能，抑有功而擠有罪，志驕盈而輕舊怨，以恡嗇而不行施道乎上，爲重招權於下以妨害人，雖欲無危，得乎哉！是以位尊則必危，任重則必廢，擅寵則必辱，可立而待也，可炊而僥也。是何也？則墮之者衆而持之者寡矣。

【译文】

保持尊宠，守住官位，终身不被君上厌弃的方法是：君主尊敬重视你，你就恭敬而自我克制点儿；君主信任喜爱你，你就谨慎谦虚点儿；君主一心一意信任你任用你，你就要恪守职责而详明法度；君主喜欢亲近你，你就要依顺亲附而别起歪心眼儿；君主疏远你，你还要全心全意专一忠诚于君主而不能背叛；君主贬损罢免了你，你只能诚惶诚恐而不能心怀埋怨之情。做臣子的，地位高贵时不要奢侈过度；得到信任时不要忘记避嫌疑；担负重任时不要独断专行；财利到了眼前，要想着自己还不太够资格得到它，一定要反复推辞礼让后再接受；福气来了要心平气和地对待，灾难来了要冷静地处理；富了就广泛施舍，穷了要会节约费用；能上能下，可富可贫，可以杀身成仁但不能被驱使着做坏事。这些就是保持尊宠，守住官位，终身不被君上厌弃的方法。即使处在贫穷孤立的境遇中，也能这样一如既往地立身处世，那就可以被称之谓吉祥的人了。《诗经》上说：「用心服侍一人，顺眉顺眼守道德。永远想着孝敬他，昭明伟大的继承人！」说的就是这个道理。

追求善于身居要位，担任要职，在拥有万辆兵车的大国独自拥有君主的恩宠且保证没有后患的方法是：最好和君主同心同德，荐举贤能，广泛施舍，消除心中对别人的怨恨，不要去妨害别人。自己能勉强担负起这重大的职务，那就谨慎地奉行上述的这种方法。自己如果不能够胜任这一职务，而且怕因此而失去君主对自己的宠爱，那就不如及早和君主同心同德，把贤人推荐给君主而把职务谦让出来，自己则心甘情愿地追随其后。如果能够这样，拥有君主的恩宠就一定会荣耀，失去宠爱也一定不会获罪。这是侍奉君主的法宝，也是保证没有后患的方法。

所以，明智的人办事儿，圆满时考虑不足，平顺时考虑艰险，安全时考虑危难，思虑周详而多有防范仍会诚惶诚恐地虑及祸难，这才会百事俱兴而不至于陷入危难的境地。孔子说：「机敏灵巧而又爱好法度，就一定能做得恰到好处；勇敢而又习惯于和他人同心协力，就一定能取得最后的胜利；脑瓜子聪明而又甘愿谦虚处下，就一定会成为德才兼备的人才。」他说的也正是这个道理。

愚蠢的人与此相反。身居要职独揽大权就喜欢独断专行而嫉贤妒能，压制有功的人而排挤打击有罪过的人，心志骄傲自满而不把和自己有怨恨的人放在眼里，因为吝啬小气，身处上位而

不行施舍之道，为抬高自己而独揽大权于一身以致妨害了别人。即使你指望这种人能够平安无事，可怎么能办得到呢？所以，他们一旦位高势重就一定会有危险，身处要位却早晚一定会被罢免，虽然一时能独受宠爱却早晚一定会遭受屈辱，这后果你就等着瞧吧，烧顿饭的工夫他也可能就已经完了。这是为什么呢？因为诽谤伤害他的人会很多而扶持帮助他的人却很少啊。

【原文】

天下之行術：以事君則必通，以爲仁則必聖，立隆而勿貳也。然後恭敬以先之，忠信以統之，慎謹以行之，端慤以守之，頓窮則從之疾力以申重之。君雖不知，無怨疾之心；功雖甚大，無伐德之色；省求，多功，愛敬不勌：如是，則常無不順矣。以事君則必通，以爲仁則必聖，夫是之謂天下之行術。

少事長，賤事貴，不肖事賢，是天下之通義也。有人也，埶不在人上而羞爲人下，是姦人之心也。志不免乎姦心，行不免乎姦道，而求有君子聖人之名，辟之是猶伏而咶天，救經而引其足也。說必不行矣，俞務而俞遠。故君子時詘則詘，時伸則伸也。

【译文】

有一种普天下到处都能行得通的立身处世的办法，用它来侍奉君主就一定会通达，用它来行仁爱之事就必定会成为圣人。即确立崇高的礼义而不三心二意，然后用恭敬的态度来引导，用忠信来统率，小心谨慎地实行，端正诚实地坚守；困厄贫穷时就从崇信礼义做起并全力以赴反复强调。即使君主不了解重用自己，也不心怀怨恨之心；即使功劳很大，也没有自我夸耀功德的态度；少提要求而多做实事，敬爱君主永不厌倦。如果能这样坚持下去，就永远不会不顺利了。用这种办法侍奉君主，一定会事事通达，用这种心态行仁爱之道，就一定会成贤成圣。这就叫做普天下到处都能行得通的立身处世的办法。

年轻的侍奉年长的，卑贱的侍奉高贵的，不贤能的侍奉贤能的，这是天下的普遍原则。有这样一些人，地位不在别人之上却羞于身处人下，这是奸邪的坏人的想法。思想上不消除这样的私心邪念，行动上不能免除这样的歪门邪道，却想要享有君子、圣人的名声，打个比方来说，这就好像趴在地上去舔天，抢救上吊的人却往下拉他的脚。这样的立身处世方法是一定行不通的，越是努力就离目标越远。所以，君子就是那些需要屈从忍耐就屈从忍耐，容许施展抱负就施展抱负的人。

【原文】

儒效篇第八

大儒之效：武王崩，成王幼，周公屏成王而及武王以屬天下，惡天下之倍周也。履天子之籍，聽天下之斷，偃然如固有之，而天下不稱貪焉；

殺管叔，虚殷國，而天下不稱戾焉；兼制天下，立七十一國，姬姓獨居五十三人，而天下不稱偏焉。教誨開導成王，使諭於道，而能揜迹於文、武。周公歸周，反籍於成王，而天下不輟事周，然而周公北面而朝之。

天子也者，不可以少當也，不可以假攝爲也。能則天下歸之，不能則天下去之。是以周公屏成王而及武王以屬天下，惡天下之離周也。成王冠，成人，周公歸周反籍焉，明不滅主之義也。周公無天下矣，鄉有天下，今無天下，非擅也；成王鄉無天下，今有天下，非奪也：變埶次序節然也。故以枝代主而非越也，以弟誅兄而非暴也，君臣易位而非不順也。因天下之和，遂文、武之業，明枝主之義，抑亦變化矣，天下厭然猶一也。非聖人莫之能爲，夫是之謂大儒之效。

【译文】

伟大的儒者所起作用的例子是：周武王去世时，成王还年幼，周公旦庇护成王而继承武王之位并具体负责统辖天下，这是因为他担心天下人欺负成王年幼无知而背叛姬姓周王朝。他登上了天子的宝座，处理决定天下的政务，心安理得地就像他本来就该拥有这样的权力似的。但是，天下人并不说他贪婪。他杀了管叔，使殷国国都成了废墟，但天下人并不说他暴戾。他全面控制了天下，设置了七十一个诸侯国，其中出于周王家族的姬姓诸侯就占了五十三个，但天下人并不说他偏私。他教诲开导成王，使成王明白礼义之道，从而能踏着文王、武王的足迹继续前进。周公把姬家的天下和王位归还给成王，而天下人并没有停止事奉周王朝，然后周公才回到臣位上，北面而朝拜成王。

天子这种职权，不可以让年幼的人具体掌管，也不可以由别人在名分上代理行使。能负担起这个重任，天下人就会归顺他；如果不能，天下人就会背离他。所以，周公才不得不庇护着成王而继承武王之位来统辖天下，他这样做是怕天下人背叛周王朝。成王行了冠礼，已经成人，周公便把姬家的天下和王位归还给成王，以此来表明他不灭掉嫡长子继承制的伦理政治道义。于是，周公就没有统治天下的权力了。他过去拥有天下，现在没有天下，这并不是禅让；成王过去没有天下，现在拥有了天下，这也并不是篡夺。这是君权更替的法定次序受礼法节制而又要根据实际情况来变通的结果。所以，周公以旁支的身份来代替嫡长子执政并不算僭越，以弟弟的身份诛杀兄长管叔也不算残暴，君与臣变换了位置也没有什么不顺应情理的地方。周公凭借天下人的同心合力，完成了文王、武王的事业，彰明了庶子与嫡长子之间的关系准则，虽然尽权变之能事，但天下却安安稳稳地始终如一。除了圣人没有人能够做到这一点，这可以说是伟大的儒者所起作用的最好例子。

【原文】

秦昭王問孫卿子曰：「儒無益於人之國？」

孫卿子曰：「儒者法先王，隆禮義，謹乎臣子而致貴其上者也。人主用之，則埶在本朝而宜；不用，則退編百姓而愨，必爲順下矣。雖窮困凍餧，必不以邪道爲貪；無置錐之地而明於持社稷之大義；嗚呼而莫之能應，然而通乎財萬物、養百姓之經紀。埶在人上則王公之材也，在人下則社稷之臣，國君之寶也。雖隱於窮閻漏屋，人莫不貴之，道誠存也。仲尼將爲司寇，沈猶氏不敢朝飲其羊，公慎氏出其妻，慎潰氏踰境而徙，魯之粥牛馬者不豫賈，必蚤正以待之也。居於闕黨，闕黨之子弟罔不分，有親者取多，孝弟以化之也。儒者在本朝則美政，在下位則美俗，儒之爲人下如是矣。」

【译文】

秦昭王问荀子说：「儒者对人世间的国家没什么用处吧？」

荀子说：「儒者是效法古代圣王的崇尚礼义，做臣子谨慎守职而极其敬重他们君主的人。君主一旦任用他们，他们就位在朝廷而合宜地处理政事；如果不用他们，就退身归入百姓的行列而谨慎老实地做人。无论如何，他们一定做一个顺从的臣民。他们即使贫穷困苦，受冻挨饿，也一定不会用不正当的手段去做贪婪的事；即使他们没有立锥之地也能深明维护国家秩序的大义；即使大声疾呼而没有人能响应，他们仍然精通管理万物并养育人民的纲领。如果他们

有了高于别人的地位，那就可以成为天子诸侯的人才；如果地位在别人之下，那就是国家的能臣，国君的宝贵财富。儒者即使隐居在偏僻的里巷与简陋的房屋之中，人们也无不尊重他们，因为治国之道确实掌握在他们手中。孔子将要担任鲁国的司法大臣了，沈犹氏不敢再在早晨去卖羊之前喂自己的羊喝水了，公慎氏休掉了自己不守妇道的妻子，慎溃氏越过鲁国境搬到别国去了，鲁国卖牛马的也不再漫天要价。这是因为人们要提前修正自己的行为，等待孔子上台。因为孔子即使住在阙党的时候，阙党的子弟们分配捕获的鱼兽时，总是让有父母亲的子弟多得一些，因为孔子用孝顺父母尊敬兄长的道理感化了他们。儒者在朝廷上当官，就能使政治清明；在下面做个老百姓，就能使风俗淳厚。儒者就是这样做人的呀！」

【原文】

王曰：「然則其爲人上何如？」

孫卿曰：「其爲人上也廣大矣：志意定乎內，禮節修乎朝，法則度量正乎官，忠信愛利形乎下，行一不義、殺一無罪而得天下，不爲也。此君義信乎人矣，通於四海，則天下應之如讙。是何也？則貴名白而天下治也。故近者歌謳而樂之，遠者竭蹶而趨之，四海之內若一家，通達之屬莫不從服，夫是之謂人師。《詩》曰：『自西自東，自南自北，無思不服。』此之謂也。夫其爲人下也如彼，其爲人上也如此，何謂其無益於人之國

也？」

昭王曰：「善。」

【译文】

秦昭王说：「那么让儒者当君主，又会怎么样呢？」

荀子说：「儒者一旦当了君主，那就影响广大了。他们的内心意志坚定，于是，朝廷上的礼节就会整饬，官府的法律准则和规章制度就会公正；在民间，忠诚老实和仁爱利人等美德就会蔚然成风。如果让儒者做一件不义的事，杀一个无罪的人而能取得天下，他也是不会干的。这种做君主的道义获得了人民信任之后，就会传遍四面八方，天下人就会用异口同声的欢呼来响应。这是为什么呢？因为他尊贵的名声昭明卓著，天下因此得到了治理。所以，近处的人会歌颂他并且从内心里喜欢他，远处的人前呼后拥投奔他。四海之内就像一个家庭一样，凡交通所到之处，没有谁不愿意服从。这就可以把他称之谓是人民的老师了。《诗经》上说：『从南到北，从西到东，没有哪个不想服从。』说的就是这种局面。儒者做臣民时像上述的那样，当了君主就像这样，怎么能说他们对于人间的国家没有什么用处呢？」

秦昭王说：「说得好！」

【原文】

先王之道，仁之隆也，比中而行之。曷謂中？曰：禮義是也。道者，非天之道，非地之道，人之所以道也，君子之所道也。

君子之所謂賢者，非能偏能人之所能之謂也；君子之所謂知者，非能偏知人所知之謂也；君子之所謂辯者，非能偏辯人之所辯之謂也；君子之所謂察者，非能偏察人之所察之謂也；有所正矣。相高下，視墝肥，序五種，君子不如農人；通財貨，相美惡，辨貴賤，君子不如賈人；設規矩，陳繩墨，便備用，君子不如工人；不卹是非然不然之情，以相薦撙，以相恥怍，君子不若惠施、鄧析。若夫譎德而定次，量能而授官，使賢不肖皆得其位，能不能皆得其官，萬物得其宜，事變得其應，慎、墨不得進其談，惠施、鄧析不敢竄其察，言必當理，事必當務，是然後君子之所長也。

【译文】

古代圣王的政治原则，是仁德的最高体现，因为他们是顺着中正之道来实行的。什么叫做中正之道呢？我要说：礼义就是中正之道。我所谓的道，既不是指天体运行的轨道，也不是指大地的季节变化，而是指人类行为所遵行依据的准则。这种准则正是君子们所讲究的道理。

君子的所谓贤能，并不是说能全部做到别人所能做到的一切；君子的所谓智慧，并不是说能全部知道别人所知道的一切；君子的所谓善辩，并不是说能全部辩明别人所辩明的一切；君子的所谓明察，并不是说能全部观察到别人所观察的一切；君子的长处也就是正名分罢了。

观察地势的高低，识别土质的贫瘠与肥沃，安排各种庄稼的种植季节，君子不如农民。使财货流通，鉴别商品的好坏，确定货物的价钱，君子不如商人。使用圆规矩尺，划墨线，做好各种用具，君子不如工人。不管事实上的是非和价值判断的对与不对，以言词相互贬抑，相互羞辱，君子不如惠施和邓析。至于评估德行来确定等级，衡量才能来授予官职，使有德无德的人都得到相应的地位，有才能和无才能的人都得到应有的职业，各种事物都得到适宜的处置，突发事件都能得到相应的处理，使慎到、墨翟不能推广他们的言论，惠施、邓析不敢贩卖他们貌似明察的诡辩，话一定说到点子上，事一定紧着迫切需要的做，这些事情才是君子所擅长的。

【原文】

凡事行，有益於理者立之，無益於理者廢之，夫是之謂中事。凡知說，有益於理者爲之，無益於理者舍之，夫是之謂中說。事行失中謂之姦事，知說失中謂之姦道。姦事姦道，治世之所棄而亂世之所從服也。若夫充虛之相施易也，堅白、同異之分隔也，是聰耳之所不能聽也，明目之所不能見也，辯士之所不能言也，雖有聖人之知，未能僂指也。不知無害爲君子，知之無損爲小人。工匠不知無害爲巧，君子不知無害爲治。王公好之則亂法，百姓好之則亂事。而狂惑戇陋之人，乃始率其羣徒，辯其談說，明其辟稱，老身長子，不知惡也。夫是之謂上愚，曾不如相雞狗之可以爲名也。《詩》曰：「爲鬼爲蜮，則不可得；有靦面目，視人罔極。作此好歌，以極反側。」此之謂也。

【译文】

凡是要做的事情，有益于治理的就去做它，无益于治理的就不去做它，这就叫做正确地做事。凡是知识和学说，有益于治理的就去学习它，无益于治理的就要放弃它，这就叫做正确地对待学说。做事不得当的就称之谓做坏事；知识和学说不得当的就称之谓坏学说。坏事歪理，那是太平盛世的人们所抛弃的，却是混乱的社会所依从服膺的。至于天地之间的盈虚转化，坚白、同异的分辨，这是耳聪之人听不懂，眼睛明亮看不清的，能言善辩的学者也说不清楚的，即使他有圣人的智慧，也不能很快地将它们指点明确。不知道这些学说，并不影响当君子；懂得这些学说，该是小人还是小人。工匠不了解不影响他们掌握技巧，君子不懂它无害于从事政治。帝王诸侯一旦爱好它就会乱了法度，老百姓喜欢它就会啥事也做不成。但是那些狂妄糊涂愚笨浅陋的人，则开始率领着他们的一伙门徒，为这些名辩之学而辩说不已，力图阐明他们的各种比喻和引证，直到自己老了，儿子也长大了，依然不厌其烦。这可以称之谓高级的愚笨，还不如爱好鉴别斗鸡走狗的人倒也可以出点儿名。《诗经》上说：「成为鬼魂或短狐，谁也无法看清楚；狡猾丑陋模样怪，让人永远看不透。作首好歌唱一唱，名学反复又无常。」说的就是这些人。

【原文】

我欲賤而貴，愚而智，貧而富，可乎？

曰：其唯學乎。彼學者：行之，曰士也；敦慕焉，君子也；知之，聖人也。上爲聖人，下爲士君子，孰禁我哉！鄉也，混然涂之人也，俄而竝乎堯、禹，豈不賤而貴矣哉！鄉也，效門室之辨，混然曾不能決也，俄而原仁義，分是非，圖回天下於掌上而辯白黑，豈不愚而知矣哉！鄉也，胥靡之人，俄而治天下之大器舉在此，豈不貧而富矣哉！

今有人於此，屑然藏千溢之寶，雖行貣而食，人謂之富矣。彼寶也者，衣之不可衣也，食之不可食也，賣之不可僂售也，然而人謂之富，何也？豈不大富之器誠在此也？是杅杅亦富人已，豈不貧而富矣哉！

【译文】

我想由下贱变成高贵，由愚昧变成明智，由贫穷变成富裕，可以吗？

回答说：那就只有学习啦。那些学习的人：能将所学付诸行动的，就可称为士人；能勤奋努力的，就是君子；能精通学到的东西，就是圣人。最高可以成为圣人，至少也可以成为士人或君子，有谁阻止我学习上进了吗？过去是个混混沌沌的路上普通人，通过学习一会儿就可以和尧禹这样的贤君并列，这难道不是由下贱变得高贵了吗？过去考察门外和室内的礼节有什么区别，糊里糊涂不能作出判断，通过学习一会儿就能追溯仁义的本源，能分辨是非，手握图籍掌控天下大事就像辨别黑白一样容易，这难道不是由愚昧变得明智了吗？过去是个空无所有的人，通过学习一会儿治理天下的重要手段都在自己心中了，这难道不是由贫穷变得富裕了吗？

现在这儿有这么一个人，他零零碎碎地收藏着价值千金的珍宝，那么即使他外出乞讨而食，人们也还是说他富有。他的那些珍宝，穿又不能穿；吃也不能吃；卖也不能很快地出手。但是人们却还是说他富有，为什么呢？难道不是因为最值钱的宝器的的确确在他这儿吗？这样看来，知识广博的学者也就属于富人了，这难道不是由贫穷变得富有了吗？

【原文】

故君子無爵而貴，無祿而富，不言而信，不怒而威，窮處而榮，獨居而樂，豈不至尊、至富、至重、至嚴之情舉積此哉！故曰：貴名不可以比周爭也，不可以夸誕有也，不可以執重脅也，必將誠此然後就也。爭之則失，讓之則至，遵道則積，夸誕則虛。故君子務修其內而讓之於外，務積德於身而處之以遵道，如是則貴名起如日月，天下應之如雷霆。故曰君子隱而顯，微而明，辭讓而勝。《詩》曰：「鶴鳴於九皋，聲聞於天。」此之謂也。

鄙夫反是。比周而譽俞少，鄙爭而名俞辱，煩勞以求安利，其身俞危。

《詩》曰：「民之無良，相怨一方。受爵不讓，至於己斯亡。」此之謂也。

【译文】

所以，君子没有爵位也尊贵，没有俸禄也富有，不用说话就被信任，不用发怒就威严；处境穷困也荣耀，孤独地住着也快乐，难道不是因为那最尊贵、最富有、最庄重、最威严的东西，实质上都聚集在学习过程中了吗？所以说，尊贵的名声不能靠拉帮结派来争得，不能靠自夸吹牛来拥有，不能靠权势地位来劫持，一定要真正地在学习上下工夫才能成就。争夺名誉就会丧失名誉，遇事辞让就会得到名誉；遵循礼义就是积累财富，自夸吹牛则会落得一场空。所以，君子致力于自己内在的思想修养而行动上谦虚辞让，致力于自身的德行积累而在生活中一切都遵循礼义。这样的话，尊贵的名声就会像太阳月亮那样冉冉升起，人们响应他就会像雷声那样一鸣天下知。所以说，君子们默默隐居也显赫，地位卑微也荣耀，遇事退让却总是胜人一筹。《诗经》上说：「鹤于九泽一声叫，九霄云外也听到。」说的就是这个道理。

鄙陋的人与此相反。他们拉帮结派却声名越来越扫地，卑鄙地去争夺却人格越来越屈辱，竭尽全力地追求安逸和私利，自身却越来越危险。《诗经》上说：「小人总是不善良，相互埋怨另一方。取得爵位不谦让，直到自己被灭亡。」说的就是这种人。

【原文】

故能小而事大，辟之是猶力之少而任重也，舍粹折無適也。身不肖而誣賢，是猶傴伸而好升高也，指其頂者愈衆。故明主譎德而序位，所以爲不亂也；忠臣誠能然後敢受職，所以爲不窮也。分不亂於上，能不窮於下，治辯之極也。《詩》曰：「平平左右，亦是率從。」是言上下之交不相亂也。

【译文】

所以，能力小而做的事大，打个比方说，就像力气小而担子重，除了压碎骨头折断腰，怕是没有别的选择了。自己不贤却妄称贤能，这就好像是弯腰驼背的人却喜欢升高，越是努力，指着头笑话他的人也就会越多。所以，英明的君主，要先能评估出各人的德行并据此来安排官职，之所以这样，是为了不混乱；忠诚的臣子，确实有能力胜任然后才会接受官职，之所以这样，是为了不让自己陷入困境。职位的安排在君主那里不混乱，有能力胜任的臣下不会因不胜任而陷入困境，这是政治的最高境界了。《诗经》上说：「左右臣子都能干，对于君命也服从。」这里说的就是君臣关系不混乱。

【原文】

以從俗爲善，以貨財爲寶，以養生爲己至道，是民德也。行法至堅，不以私欲亂所聞，如是，則可謂勁士矣。行法至堅，好修正其所聞以橋飾其情性，其言多當矣而未諭也，其行多當矣而未安也，其知慮多當矣而未周密也，上則能大其所隆，下則能開道不己若者，如是，則可謂篤厚君子矣。

修百王之法若辨白黑，應當時之變若數一二，行禮要節而安之若生四枝，要時立功之巧若詔四時，平正和民之善，億萬之衆而博若一人，如是，則可謂聖人矣。

【译文】

把顺从习俗看做美德，把货物钱财看得很重要，把保养自己的身体看做最高的道德，这是老百姓的德行。行为合乎法度且至为坚定不移，不因为个人的欲望冲动而扰乱视听，这就可以称之为有力量的士人了。行为合乎法度且至为坚定不移，喜欢修正自己所听到的道理以矫正自己的性情；他的言论多半恰当但还没有完全明白，他的行为多半恰当但还没有完全稳妥，他的思考多半恰当但还不够周密；上能发扬光大崇高的礼义，下能开导不如自己的人，这样，就可以说他是忠诚厚道的君子了。学习历代众多帝王的法度能够黑白分明，应付时势的变化就像数一二一样容易，奉行礼法遵循礼节已经习以为常到像伸展四肢一样地运用自如，抓住时机建功立业的技巧像预告四季一样准确，处理政事协调百姓的妥善能够使亿万群众团结得像一个人一样，这样，就可以称他为圣人了。

【原文】

井井兮其有理也，嚴嚴兮其能敬己也，分分兮其有終始也，猒猒兮其能長久也，樂樂兮其執道不殆也，炤炤兮其用知之明也，修修兮其用統類

之行也，綏綏兮其有文章也，熙熙兮其樂人之臧也，隱隱兮其恐人之不當也，如是，則可謂聖人矣。

【译文】

井然有序啊他做事有条有理，庄严肃穆啊他能让人尊敬自己，坚定不移啊他有始有终一以贯之，心满意足啊他永远过得安安稳稳，满腔热忱啊他坚守道义不放松，洞察一切啊他运用智慧多英明，一丝不苟啊他的行为各随其礼有分类，安然自若啊他的行为潇洒又大方，温和快乐啊他希望人人都善良，忧心忡忡啊他生怕别人做事不妥当。如果能做到这样，就可以称他为圣人了。

【原文】

此其道出乎一。曷謂一？曰：執神而固。曷謂神？曰：盡善挾治之謂神，萬物莫足以傾之之謂固，神固之謂聖人。

【译文】

这种圣人的精神境界之所以高是因为他的用心专一。怎么样做到用心专一？回答说：关键是保持精神信仰的稳固。什么叫做神妙与稳固？回答说：使天下皆治的就是神妙，世间的一切都不能使他动心就叫稳固。做到了神妙与稳固，就可以称之谓圣人。

【原文】

聖人也者，道之管也。天下之道管是矣，百王之道一是矣，故《詩》、

《書》、《禮》、《樂》之歸是矣。《詩》言是，其志也；《書》言是，其事也；《禮》言是，其行也；《樂》言是，其和也；《春秋》言是，其微也。故《風》之所以爲不逐者，取是以節之也；《小雅》之所以爲《小雅》者，取是而文之也；《大雅》之所以爲《大雅》者，取是而光之也；《頌》之所以爲至者，取是而通之也：天下之道畢是矣。鄉是者臧，倍是者亡。鄉是如不臧，倍是如不亡者，自古及今，未嘗有也。

【译文】

圣人是思想原则的枢纽。天下的思想原则都集中在他这里了，历代圣王的思想原则也统一在他这里了。所以《诗》、《书》、《礼》、《乐》也都归属到他这里了。《诗》中的道是表示作者的志向；《书》中的道说的是怎么样处理政治事务；《礼》中的道说的是人们应该如何行动；《乐》中的道说的是人们要有和谐愉快的心情；《春秋》中的道说的是具体情境中的微言大义。因此，《国风》之所以并不是要人们赶时髦，是因为它调节着人们的情感；《小雅》之所以说它小，是因为要用它来修饰礼仪；《大雅》之所以为大，是因为它可以使后代的继承者去努力发扬光大先祖的业绩；《颂》之所以登峰造极，是因为到了这里天人之际也就得到了贯通：天下的思想原则全都在这里了。符合它就会有好结果，背离它就会灭亡。符合它而没有好结果，违背它而不灭亡的，从古到今，还不曾有过。

【原文】

客有道曰：「孔子曰：『周公其盛乎！身貴而愈恭，家富而愈儉，勝敵而愈戒。』」

應之曰：「是殆非周公之行，非孔子之言也。武王崩，成王幼，周公屏成王而及武王，履天子之籍，負扆而坐，諸侯趨走堂下。當是時也，夫又誰爲恭矣哉！兼制天下，立七十一國，姬姓獨居五十三人焉，周之子孫苟不狂惑者，莫不爲天下之顯諸侯，孰謂周公儉哉！武王之誅紂也，行之日以兵忌，東面而迎太歲，至汜而汎，至懷而壞，至共頭而山隧。霍叔懼曰：『出三日而五災至，無乃不可乎？』周公曰：『刳比干而囚箕子，飛廉、惡來知政，夫又惡有不可焉？』遂選馬而進，朝食於戚，暮宿於百泉，厭旦於牧之野，鼓之而紂卒易鄉，遂乘殷人而誅紂。蓋殺者非周人，因殷人也。故無首虜之獲，無蹈難之賞，反而定三革，偃五兵，合天下，立聲樂，於是《武》、《象》起而《韶》、《護》廢矣。四海之内，莫不變心易慮以化順之，故外闔不閉，跨天下而無蘄。當是時也，夫又誰爲戒矣哉！」

【译文】

有个客人说道：「孔子说：『周公可伟大啦。他身份高贵却更加谦逊有礼，家里富裕却更加节约俭朴，战胜了敌人却更加戒备警惕。』」

荀子回答道：「这大概不是周公的行为，也不是孔子的话吧。武王去世的时候，成王还年幼，周公庇护着成王而继承武王，登上了天子之位，背靠屏风而坐，诸侯在堂下有礼貌地小步快跑前来朝见。在这个时候，他又对谁谦逊有礼了呢？他全面控制了天下，设置了七十一个诸侯国，其中周王室的姬姓诸侯就独占了五十三个；周族的子孙，只要不是发疯的糊涂的，无不成为天下显贵的诸侯。谁说周公节俭呢？武王讨伐纣王的时候，出发的那天用了兵家禁忌的日子，向东进军，冲犯了太岁，到达汜水时河水泛滥，到达怀城时城墙倒塌，到达共头山时山岩崩落。霍叔恐惧地说：『出兵三天已遇到了五次灾害，恐怕不行吧。』周公说：『纣王将比干剖腹挖心，还囚禁了箕子，由飞廉、恶来当政，又有什么不可以呢？』于是战车齐头并进，早晨在戚地吃饭，晚上在百泉宿营，第二天黎明来到牧地的郊野。刚一击鼓进攻，纣王的士兵就掉转方向倒戈起义了。于是，就凭借商王朝的士兵而诛杀了纣王。原来杀纣王的并不是周国的人，而是通过商朝人的手杀了纣王。所以，周国的将士没有首级、俘虏的缴获，也没有因为冲锋陷阵而得到奖赏。周国的军队回去以后不再动用铠甲、头盔与盾牌，放下了各种兵器，会合天下诸侯，创作了乐曲，从此《武》、《象》兴起而《韶》、《护》被废弃了。四海之内，无不转变思想，在这种礼义的教化之下而归顺了周王朝。因此，家家不必关闭大门，走遍天下也不再有什么国界。在这样的时候，他又需要对谁戒备警惕呢？」

【原文】

造父者，天下之善御者也，無輿馬則無所見其能。羿者，天下之善射者也，無弓矢則無所見其巧。大儒者，善調一天下者也，無百里之地則無所見其功。輿固馬選矣，而不能以至遠一日而千里，則非造父也。弓調矢直矣，而不能以射遠中微，則非羿也。用百里之地，而不能以調一天下，制彊暴，則非大儒也。

彼大儒者，雖隱於窮閻漏屋，無置錐之地，而王公不能與之爭名；在一大夫之位，則一君不能獨畜，一國不能獨容，成名況乎諸侯，莫不願得以爲臣；用百里之地而千里之國莫能與之爭勝，笞棰暴國，齊一天下，而莫能傾也。是大儒之徵也。其言有類，其行有禮，其舉事無悔，其持險應變曲當，與時遷徙，與世偃仰，千舉萬變，其道一也。是大儒之稽也。其窮也，俗儒笑之；其通也，英傑化之，嵬瑣逃之，邪説畏之，衆人媿之。通則一天下，窮則獨立貴名，天不能死，地不能埋，桀、跖之世不能汙，非大儒莫之能立，仲尼、子弓是也。

【译文】

造父，是天下善于驾驭车马的人，但没有车马就没法表现他的才能；　后羿，是天下善于射箭的人，但没有弓箭就没法表现他的技巧；　伟大的儒者，是善于整治统一天下的人，但没有百里见方的国土就没有办法显示他的功用。　如果车子坚固、马匹精干了，却不能用它来到达远方，日行千里，那就不是造父了；　弓调好了，箭笔直了，却不能用它来射到远处的东西、命中微小的目标，那就不是后羿了；　统辖百里见方的领土，却不能靠它来整治统一天下、制服强暴的国家，那就不是伟大的儒者了。

那些伟大的儒者，即使隐居在偏僻的里巷和简陋的房子里，穷得没有立锥之地，但天子诸侯也没有能力和他竞争名望。　他处在一个大夫的职位上，但一个诸侯国君却不能单独任用他，一个诸侯国不能单独容纳他，他的盛名和诸侯相媲美，各国诸侯无不想让他来当自己的臣子。　他统辖百里见方的封地，那千里见方的国家也没有谁敢和他争胜，他鞭挞强暴的国家，统一天下，也没有谁能推翻他。　这就是伟大的儒者所具有的特征。　他说话类别清楚合乎法度，他的行动合乎礼义，他做事不会因失误而引起悔恨，他扶持危险的局势，应付突发的事变，处处都能变通恰当；　他顺应时世，因地制宜，方法上虽然千变万化，奉行的原则是始终如一的。　这是伟大儒者的考核标准。　他穷困失意的时候，庸俗的儒者讥笑他；　显达得志的时候，英雄豪杰都被他感化；　那些怪诞鄙陋的人逃避他，持异端邪说的人害怕他，一般民众也都愧对他。　他得志了就统一天下，不得志就独享高名。　上天不能让他死，大地无法把他埋，桀跖的时代他不受污染。　如果不是伟大的儒者，就没有谁能这样立身处世。　仲尼、子弓就是这样的人。

【原文】

故有俗人者，有俗儒者，有雅儒者，有大儒者。

不學問，無正義，以富利爲隆，是俗人者也。

逢衣淺帶，解果其冠，略法先王而足亂世術，繆學雜舉，不知法後王而一制度，不知隆禮義而殺《詩》、《書》；　其衣冠行僞已同於世俗矣，然而不知惡者；　其言議談説已無以異於墨子矣，然而明不能别；　呼先王以欺愚者而求衣食焉，得委積足以揜其口則揚揚如也；　隨其長子，事其便辟，舉其上客，億然若終身之虜而不敢有他志：　是俗儒者也。

法後王，一制度，隆禮義而殺《詩》、《書》，其言行已有大法矣，然而明不能齊法教之所不及，聞見之所未至；　則知不能類也，知之曰知之，不知曰不知，内不自以誣，外不自以欺，以是尊賢畏法而不敢怠傲，是雅儒者也。

法先王，統禮義，一制度，以淺持博，以古持今，以一持萬；　苟仁義之類也，雖在鳥獸之中，若别白黑；倚物怪變，所未嘗聞也，所未嘗見也，卒然起一方，則舉統類而應之，無所儗㤰，張法而度之，則晻然若合符節，是大

儒者也。

故人主用俗人則萬乘之國亡，用俗儒則萬乘之國存，用雅儒則千乘之國安，用大儒則百里之地久而後三年，天下爲一，諸侯爲臣，用萬乘之國則舉錯而定，一朝而伯。

【译文】

有庸俗的人，有庸俗的儒者，有雅正的儒者，有伟大的儒者。

不学习请教，不讲求正义，把求取财富实利当做自己的最高目标，这是庸俗的人。

穿着宽大的衣服，束着宽阔的腰带，戴着高高的帽子，粗略地模仿古圣王，实际上推行的政治措施都只能扰乱当时的社会秩序；荒谬地学一些东西，杂乱地做一些事，不懂得根据当代实际政治来统一制度，不懂得把礼义置于最高地位而把《诗》、《书》置于次要地位；他的穿戴行为已经与社会上的流俗相同了，但还不知道厌恶这一套；他的言谈议论已经和墨子没有什么两样了，但是他的明智却不能分辨；他称道古代圣王来欺骗愚昧的人，而只不过是为了求取点儿衣食，得到别人的一点积蓄够用来糊口，就得意扬扬；跟随君主的太子，侍奉君主的宠信小臣，吹捧君主的贵客，提心吊胆好像是终身没入官府的奴隶而不敢有任何别的想法，这是庸俗的儒者。

效法后代的帝王，统一制度，推崇礼义而把《诗》、《书》降到次要地位，他的言行已经符合基

本的法则了；但是他的智慧却不足以补救法制教令的空当和自己缺乏经验的地方，这就是说，他的智慧还不能触类旁通；懂就说懂，不懂就说不懂，对内不自欺，对外不欺人，根据这种观念而尊重贤人，畏惧法令，不敢懈怠傲慢，这是雅正的儒者。

效法古代的圣王，以礼义为纲领，统一制度，根据很少的原则而能把握住很多的社会现象，根据古代的经验把握现在的情况，根据一个原则把握无限的事物；如果是合乎仁义的事，即使存在于鸟兽之中，也能像辨别黑白一样把它辨认出来；奇特的事物，怪异的变化，虽然从来没有听见过，从来没有看到过，突然发生在某一地方，他也能应之以道而无所迟疑和不安，衡之以法而如同符节之相合，这是伟大的儒者。

所以，君主如果任用庸俗的人，拥有万辆兵车的大国也会灭亡。如果任用了庸俗的儒者，拥有万辆兵车的大国仅能保存。如果任用了雅正的儒者，拥有千辆兵车的小国也能安定。如果任用了伟大的儒者，即使只有百里见方的国土也能长久；三年之后，天下就能够统一，诸侯就会成为他的臣属；如果是治理拥有万辆兵车的大国，那么，一采取措施就能平定天下，一日之间就名扬天下。

【原文】

不聞不若聞之，聞之不若見之，見之不若知之，知之不若行之，學至於行之而止矣。行之，明也。明之爲聖人。聖人也者，本仁義，當是非，齊言

行，不失豪氂，無它道焉，已乎行之矣。故聞之而不見，雖博必謬；見之而不知，雖識必妄；知之而不行，雖敦必困。不聞不見，則雖當，非仁也，其道百舉而百陷也。

故人無師無法而知則必爲盜，勇則必爲賊，云能則必爲亂，察則必爲怪，辯則必爲誕。人有師有法而知則速通，勇則速威，云能則速成，察則速盡，辯則速論。故有師法者，人之大寶也；無師法者，人之大殃也。

人無師法則隆性矣，有師法則隆積矣，而師法者，所得乎情，非所受乎性，不足以獨立而治。性也者，吾所不能爲也，然而可化也；情也者，非吾所有也，然而可爲也。注錯習俗，所以化性也；并一而不二，所以成積也。習俗移志，安久移質，并一而不二則通於神明，參於天地矣。

【译文】

没听到过不如听到过，听到过不如见到过，见到过不如能理解，能理解不如能实行。学习到了付诸实行也就到头了。只有实行了，才能真明白事理，明白了事理就是圣人。圣人这种人，他以仁义为根本，能恰当地判断是非，能使言行一致，不差分毫。这并没有其他窍门，就在于他能把学到的东西付诸行动罢了。所以，听到过而没有见到过，即使听了很多也必然有谬误；见到了而不理解，即使记住了也必然虚妄；理解了而不实行，即使知识丰富也必然会陷入困境。不

去聆听教诲，不去观摩考察，即使偶尔做对了也算不上仁德，这种办法使用一百次会失误一百次。

所以，人要是没有老师，不懂法度，有了智慧就一定会偷窃，有了勇敢就一定会抢劫，有了才能就一定会作乱，能够明察就一定会去搞奇谈怪论，能言善辩就一定会说大话搞欺诈。人要是有了老师、懂了法度，有智慧就会很快通达事理，有勇敢就会很快变得威武，有才能就会很快成功，能够明察就能很快理解一切，能言善辩就能很快论断是非。所以，有老师、懂法度，是人生最有价值的事情；没有老师，不懂法度，人就会有大祸难。

人要是没有老师，不懂法度，本性的恶欲就会急剧膨胀；有了老师，懂了法度，就会在学习中不断加强修养。老师和法度，是从合乎礼义的高尚情操中得来的，并不是禀受于先天的本性，所以，人在道德上不能够独立地得到完善。本性这种东西是我们所不能造就的，却可以通过教育来改变；道德修养的积累不是我们天生固有的，却可以在后天加以造就。人一生的安排和人类长期形成的风俗习惯，是用来改变本性的；专心致志地提高道德修养而不三心二意，是用来造成知识积累的。风俗习惯能改变人的思想修养，安守习俗的时间长了就会改变人的素质，学习时专心致志而不三心二意，就能通于神明，与天地相并列了。

【原文】

故積土而爲山，積水而爲海，旦暮積謂之歲。至高謂之天，至下謂之

地，宇中六指謂之極；塗之人百姓積善而全盡謂之聖人。彼求之而後得，爲之而後成，積之而後高，盡之而後聖。故聖人也者，人之所積也。人積耨耕而爲農夫，積斲削而爲工匠，積反貨而爲商賈，積禮義而爲君子。工匠之子莫不繼事，而都國之民安習其服。居楚而楚，居越而越，居夏而夏，是非天性也，積靡使然也。

故人知謹注錯，慎習俗，大積靡，則爲君子矣；縱性情而不足問學，則爲小人矣。爲君子則常安榮矣，爲小人則常危辱矣。凡人莫不欲安榮而惡危辱，故唯君子能得其所好，小人則日徼其所惡。《詩》曰：「維此良人，弗求弗迪；維彼忍心，是顧是復。民之貪亂，寧爲荼毒。」此之謂也。

【译文】

所以，堆积泥土可以成山，积聚水流可以成海，一朝一夕地积累起来就叫做年；最高的叫做天，最低的叫做地，空间向六个方向延伸出去叫做极。路上的普通百姓积累善行而达到了尽善尽美就叫做圣人。这些都是努力追求而后得，努力去做而后成，道德境界不断积累就会高起来，尽善尽美以后就成了圣贤。所以，圣人这种人实际上是谁都可以通过德行的不断积累来实现的。人积累了锄草耕地的能力就成了农夫，积累了砍削的技巧就成了工匠，积累了贩卖货物的经验就成了商人，积累了合乎礼义的德行就成了君子。工匠的儿子无不继承父亲的事业，而

城市里的居民也都安然地习惯于本地的服饰习惯。住在楚国就会过楚国人一样的生活，住在越国就会过越国人一样的生活，居住在中原各国就会过中原人一样的生活。这不是天生的本性，而是后天的积习和影响才使他们变成这样的。

所以，人们都懂得谨慎地安排自己的生活，小心地对待风俗习惯，努力加强自己的道德修养，这就成为君子了；如果放纵天性而不重视自己的道德修养，那就会成为小人了。一旦成为君子，就经常享受到安定与光荣，一旦成为小人，就经常会遭到危险和耻辱。所有的人无不希望安宁、光荣而厌恶危险、耻辱，但只有君子才能得到他所喜爱的，小人的行为却是天天在招致他所厌恶的。《诗经》上说：「世上许多善良人，你不拜访不学习；有人狠心又残忍，你却亲近反复追。小民贪婪想作乱，难道甘愿被残害？」说的就是这种事儿。

【原文】

人論：志不免於曲私而冀人之以己爲公也，行不免於汙漫而冀人之以己爲修也，其愚陋溝瞀而冀人之以己爲知也，是衆人也。志忍私然後能公，行忍情性然後能修，知而好問然後能才，公修而才，可謂小儒矣。志安公，行安修，知通統類，如是則可謂大儒矣。大儒者，天子三公也。小儒者，諸侯大夫士也。衆人者，工農商賈也。禮者，人主之所以爲羣臣寸尺尋丈檢式也，人倫盡矣。

【译文】

人际关系的类别：思想没有脱离偏邪自私却希望别人认为自己大公无私，行为没有脱离污秽肮脏却希望别人认为自己善良美好，非常愚昧浅陋却希望别人认为自己聪慧明智，这就是一般的民众。思想上克制了私心然后才能出于公心，行动上抑制了本性然后才能善良美好，聪明而又喜欢请教然后才能多才多艺，去私为公，行为美好而又有才干，就可以称为小儒了。思想上习惯于公正无私，行动上习惯于善良美好，智慧上能够精通纲纪法度，这样就可以称为大儒了。大儒这种人，能当天子的三公。小儒们可以当诸侯的大夫或士。至于民众，只能当工匠、农夫、商人。礼制，是君主用来鉴定群臣高低等级的标准，人际关系的类别用它来鉴定就能包罗无遗了。

【原文】

君子言有壇宇，行有防表，道有一隆。言道德之求，不下於安存；言志意之求，不下於上；言道德之求，不二後王。道過三代謂之蕩，法二後王謂之不雅。高之下之，小之臣之，不外是矣，是君子之所以騁志意於壇宇宮庭也。故諸侯問政不及安存，則不告也；匹夫問學不及爲士，則不教也；百家之説不及後王，則不聽也。夫是之謂君子言有壇宇，行有防表也。

【译文】

君子说话有界限，行动有标准，主张有专重。说到政治道德的要求，不低于使国家得以安定和生存；说到思想志向的要求，不低于做一个有德才的学士；说到对道德修养的要求，是不背离当代的帝王。谈论政治原则时古得超过了夏、商、周三代便叫做游荡荒诞，谈到法度时背离了当代的帝王便叫做不够忠诚方正。自己的主张可以或高或低，或小或大，但都不能超越这个原则范围，这就是君子既能使自己的思想活跃奔放而又能保持在礼义和政治的界限范围内。所以诸侯询问政治，如果不涉及如何使国家安定甚至生存下去，就不告诉他；一般人来求学，如果不涉及想如何做一个有德才的学士，就不教他；各家的学说，如果不涉及当代的帝王，就不要听它。这就叫做君子说话有界限、行动有标准。

【原文】

王制篇第九

請問爲政？曰：賢能不待次而舉，罷不能不待須而廢，元惡不待教而誅，中庸民不待政而化。分未定也則有昭繆。雖王公士大夫之子孫，不能屬於禮義，則歸之庶人。雖庶人之子孫也，積文學，正身行，能屬於禮義，則歸之卿相士大夫。故姦言、姦説、姦事、姦能、遁逃反側之民，職而教之，須而待之，勉之以慶賞，懲之以刑罰，安職則畜，不安職則棄。五疾，上

收而養之，材而事之，官施而衣食之，兼覆無遺。才行反時者死無赦。夫是之謂天德，王者之政也。

聽政之大分：以善至者待之以禮，以不善至者待之以刑。兩者分別則賢不肖不雜，是非不亂。賢不肖不雜則英傑至，是非不亂則國家治。若是，名聲日聞，天下願，令行禁止，王者之事畢矣。

凡聽，威嚴猛厲而不好假道人，則下畏恐而不親，周閉而不竭，若是，則大事殆乎弛，小事殆乎遂。和解調通，好假道人而無所凝止之，則姦言並至，嘗試之說鋒起，若是，則聽大事煩，是又傷之也。

故法法而不議，則法之所不至者必廢；職而不通，則職之所不及者必隊。故法而議，職而通，無隱謀，無遺善，而百事無過，非君子莫能。故公平者，職之衡也；中和者，聽之繩也。其有法者以法行，無法者以類舉，聽之盡也；偏黨而無經，聽之辟也。故有良法而亂者有之矣；有君子而亂者，自古及今，未嘗聞也。傳曰：「治生乎君子，亂生乎小人。」此之謂也。

【译文】

请问怎样从政？回答说：对于有德才的人，不依等级次序而要破格提拔；对于无才德的人，不需要等待立即就可以罢免；对于元凶首恶，用不着教育就马上杀掉；对于普通民众，不能靠事后的行政手段而要事先进行教育感化。在名分还没能确定的时候，就应该像宗庙有昭穆的分别一样来排列臣民的等级次序。即使是王公士大夫的子孙，如果不能顺从礼义，就把他们贬为平民。即使是平民的子孙，如果学习了文献经典知识，身心行为正直无私，能遵循礼义行事，就把他们提拔为卿相士大夫。对于那些散布邪恶议论，鼓吹邪说，做了恶事，有孬点子且逃亡流窜，不守本分的人，就强行安排工作并教育他们，静待他们转变，用奖赏去激励，用刑罚去惩处，安心工作的就留用，不安心工作的就流放外地。对患有聋、哑、瘸、骨折和身材异常矮小等五种残疾的人，君主要收留并养活他们，根据才能使用他们，根据职业供养他们吃穿，全部加以照顾而不要有遗漏。对那些靠才能事实上在反对现行制度的人，要坚决处死，决不赦免。这可以称之谓天德，是圣王所采取的政治措施。

在朝廷上听取奏报处理政事的要领是：对那些带着善意来的人，要以礼相待；对那些怀着恶意的人，就施之以刑罚。这两种情况能区别开来，有德有才的人和无德无才的人就不会混杂在一起，是非也就不会混淆不清。有德有才的人和无德无才的人不混杂，英雄豪杰就会前来投奔；是非不混淆，国家就能得到治理。这样的结果，名声一天天传扬出去，天下的人就会仰慕向往，行政系统也会有令必行，有禁必止，圣王的事业也就因此而完成了。

凡是在朝廷上听取奏报，如果威武严肃凶猛刚烈而不喜欢以宽容的心态听取他们的意见，

臣下就会担忧恐惧而不敢亲近，隐瞒真情而不敢把心里话全都说出来。这样的话，大事就难免会废弛，小事也难免会落空。如果一味随和，喜欢宽容顺从而漫无限度，奸诈邪恶的言论就会纷至沓来，试探性的各种意见就会蜂拥而至。这样的结果，听到的情况就会面广量大而政事繁多琐碎，这就又要对处理政事有害了。

所以，只根据法律而不听取臣下的意见，法律尚未涉及的事就一定会被荒废而得不到治理。规定了臣下的职权范围而他们却无法彼此沟通，职权所没有穷尽的事就必然没人过问。所以，既要制定法律又要让臣下充分讨论研究，规定了臣下的职权又要让他们彼此沟通，那就不会有隐藏的图谋，不会有该做而没做的好事，各种工作不失误，除非起用君子是无法做到的。公正是政治事务的权要，宽严适度是处理政事的标准。有法律依据的就依法办理，没有法律条文可循的可以遵循同类的事例来处理，这就可以使得政治事务能够得到全面的处理。偏颇袒护而没规没矩，政治事务就难免处理得不公正。所以，有了良好的法制仍然可能产生社会动荡；但如果有了德才兼备的君子而国家仍然动荡不安的，从古到今，从来不曾听说过。古书上说：「国家的安定产生于君子，国家的动荡来源于小人。」说的就是这个道理。

【原文】

分均則不偏，埶齊則不壹，衆齊則不使。有天有地而上下有差，明王始立而處國有制。夫兩貴之不能相事，兩賤之不能相使，是天數也。埶位齊而欲惡同，物不能澹則必爭，爭則必亂，亂則窮矣。先王惡其亂也，故制禮義以分之，使有貧富貴賤之等，足以相兼臨者，是養天下之本也。《書》曰：「維齊非齊。」此之謂也。

【译文】

人人的名分都一样就谁也不能领导谁，权势地位都相等就难以形成统一的意志，大家人人都平等，就谁也不能指挥谁。自从有了天和地，就有了上下的差等，自从英明的帝王登上王位，国家的政治生活中就有一定的等级制度。两个人同样高贵，就不能互相侍奉，两个人同样卑贱，就不能互相指挥，这合乎自然的道理。如果让人们的权势和地位都相等，而人的爱好与厌恶又天生相同，由于生产出来的财物不能满足人们的需要，就一定会发生争夺，一发生争夺就一定会混乱，社会混乱就会使人们进一步陷入困境。古代的圣王厌恶这种混乱，所以才制定了礼义，以便让每个人都有一个确定的名分，人们有穷有富，有高贵的有卑贱的，这就有了区别，有了区别就能够凭借它来建立全社会的有序控制，这是社会生存的根本基础。《尚书》上说：「要全社会统一意志就不能让人人都平等。」讲的就是这个道理。

【原文】

馬駭輿則君子不安輿，庶人駭政則君子不安位。馬駭輿則莫若靜之，庶人駭政則莫若惠之。選賢良，舉篤敬，興孝弟，收孤寡，補貧窮，如是，則

庶人安政矣。庶人安政，然後君子安位。傳曰：「君者，舟也；庶人者，水也。水則載舟，水則覆舟。」此之謂也。故君人者欲安則莫若平政愛民矣，欲榮則莫若隆禮敬士矣，欲立功名則莫若尚賢使能矣，是君人者之大節也。三節者當，則其餘莫不當矣；三節者不當，則其餘雖曲當，猶將無益也。孔子曰：「大節是也，小節是也，上君也。大節是也，小節一出焉，一入焉，中君也。大節非也，小節雖是也，吾無觀其餘矣。」

【译文】

马拉车时受惊狂奔，君子就不能稳坐车中；民众不满足于政治，君子就坐不稳江山。拉车的马受惊，最好是让它安静下来；民众在政治上不满，最好是给他们恩惠好处。选用有德有才的人，提拔忠厚恭谨的人，提倡孝顺父母尊兄长，收养孤儿寡妇，补助救济穷人，民众自然就安于当下的政治秩序了。民众安于现实，君子才能安居上位。古书上说：「君主是船，民众是水。水能承载船，也能颠覆船。」说的就是这个道理。所以，君主要想安定，最好是调整政策爱护人民；要想荣耀，最好是尊崇礼义敬重文人；进一步想建立功业名望，最好是推崇高尚的人，任用有才能的人。这是君主们需要重视的大节。这三个大节都做得妥当，其余的就跟着都妥当了。这三个大节做不妥当，其余的事做得再好，也还是于事无补。孔子说：「大节好，小节也好，这是上等的君主。大节好，小节有些出入，这是中等的君主。大节错了，小节即使做得再好，

我是连看都不用看的。」

【原文】

成侯、嗣公，聚斂計數之君也，未及取民也；子產，取民者也，未及爲政也；管仲，爲政者也，未及修禮也。故修禮者王，爲政者彊，取民者安，聚斂者亡。故王者富民，霸者富士，僅存之國富大夫，亡國富筐篋，實府庫。筐篋已富，府庫已實，而百姓貧，夫是之謂上溢而下漏。入不可以守，出不可以戰，則傾覆滅亡可立而待也。故我聚之以亡，敵得之以彊。聚斂者，召寇、肥敵、亡國、危身之道也，故明君不蹈也。

【译文】

卫成侯和卫嗣公是搜刮民财精于计算的国君，没达到取得民心的境界；子产取得了民心，却没能处理好政事；管仲善于处理政事，却达不到遵循礼义的境界。所以说，遵循礼义就能成就帝王大业，善于理政就能强大起来，取得民心就能安定，搜刮民财就会灭亡。称王天下的君主会让民众富足，称霸诸侯的君主能让战士富足，勉强生存着的国家让大夫富足，亡国的君主只会富足自己的箱子，塞满了自己的国库。箱子装满了，国库充实了，而老百姓则很贫困，这就像只顾上面装满了筐，不管下面漏个精光。这样的国家，对内不能防守，对外不能征战，它的垮台灭亡也就只是等着瞧的事儿。所以，如果我搜刮民财就会导致灭亡，那么敌人得到这些财物就会

因而富强。搜刮民财的君主，实际上走的是招致侵略，帮助敌人，家破国亡，身遭不测的治国之路，贤明的君主是不会走这条路的。

【原文】

王奪之人，霸奪之與，彊奪之地。奪之人者臣諸侯，奪之與者友諸侯，奪之地者敵諸侯。臣諸侯者王，友諸侯者霸，敵諸侯者危。

用彊者，人之城守，人之出戰，而我以力勝之也，則傷人之民必甚矣；傷人之民甚，則人之民惡我必甚矣。人之民惡我甚，則日欲與我鬬。人之城守，人之出戰，而我以力勝之，則傷吾民必甚矣。傷吾民甚，則吾民之惡我必甚矣；吾民之惡我甚，則日不欲爲我鬬。人之民日欲與我鬬，吾民日不欲爲我鬬，是彊者之所以反弱也。地來而民去，累多而功少，雖守者益，所以守者損，是以大者之所以反削也。諸侯莫不懷交接怨而不忘其敵，伺彊大之間，承彊大之敝，此彊大之殆時也。

知彊大者不務彊也，慮以王命全其力，凝其德。力全則諸侯不能弱也，德凝則諸侯不能削也，天下無王霸主則常勝矣。是知彊道者也。

【译文】

想称王天下的君主和别国争夺民心，要称霸诸侯的君主和别国争夺同盟国，只图逞强好胜的君主则和邻国争地盘。和别国争夺民心的君主可以使诸侯国君成为自己的臣子，和别国争夺同盟国的君主可以使诸侯国成为自己的朋友，和别国争夺土地的君主就会使诸侯国成为自己的敌人。让诸侯臣服的就能称王天下，和诸侯友好的能称霸诸侯，和诸侯为敌的就会陷入危险的境地。

用强力来和别国争夺土地的君主，人家或者据城固守或者出城迎战，即使我们用武力一时胜了人家，伤害人家的民众必然很多。伤害人家的民众越多，人家的民众怨恨我们也就必然很厉害。人家的民众对我们很怨恨，就会天天想和我们作战。人家或者据城固守或者出城迎战，即使我们用武力一时胜了人家，自己一方的民众受到的伤害也必然很厉害。严重伤害了自己的民众，自己的民众也必然会深深地怨恨我们。自己的民众深切地怨恨着我们，就会总是不想为我们去作战。人家的民众天天想和我们作战，我们自己的民众又总是不想为我们作战，这就是强国之所以反而变弱的原因。夺来了土地却把民众弄得离心离德，就会负担重而成就少，虽然占领的土地增加了，用来使用土地使之产生效益的民众却因离心离德而在事实上反倒减少了，这就是大国之所以会反而被割削的原因。在这种情况下，别的诸侯国之间一定会一个个怀着怨恨的心情相互结交，把我们作为敌国而耿耿于怀，他们窥探我们这个强国的漏洞，趁着我们这个强国的衰败而前来进攻，这就到了强而大的国家的危险时刻了。

懂得强大之道的君主不致力于逞强好胜，而是考虑利用天子的命令来保全自己的实力，积

累自己的德望。实力保全了，各诸侯国就不会侵削他。天下如果还没有出现能成就王业的君主，霸主就会常常获得各种各样的胜利；明白了这些道理，就是懂得强大之道的君主。

【原文】

彼霸者不然，辟田野，實倉廩，便備用，案謹募選閲材伎之士，然後漸慶賞以先之，嚴刑罰以糾之。存亡繼絶，衛弱禁暴，而無兼并之心，則諸侯親之矣；修友敵之道以敬接諸侯，則諸侯説之矣。所以親之者，以不并也，并之見則諸侯疏矣；所以説之者，以友敵也，臣之見則諸侯離矣。故明其不並之行，信其友敵之道，天下無王霸主，則常勝矣。是知霸道者也。

閔王毁於五國，桓公劫於魯莊，無它故焉，非其道而慮之以王也。

彼王者不然，仁眇天下，義眇天下，威眇天下。仁眇天下，故天下莫不親也；義眇天下，故天下莫不貴也；威眇天下，故天下莫敢敵也。以不敵之威，輔服人之道，故不戰而勝，不攻而得，甲兵不勞而天下服。是知王道者也。

知此三具者，欲王而王，欲霸而霸，欲彊而彊矣。

【译文】

那些奉行霸道的君主就不是这样。他开垦田野，充实粮仓，改进设备器用，严格谨慎地招募、选择、接纳有才能技艺的士人，然后加重奖赏来诱导他们，加重刑罚来督责他们。他使灭亡的国家能存在下去，使已经断绝了的后代继承关系能延续下去，保护弱小的国家，禁止残暴的国家，但是并没有吞并别国的野心，那么各国诸侯就会亲近他了；他遵行与力量匹敌的国家相友好的原则去恭敬地接待各国诸侯，那么各国诸侯就喜欢他了。各国诸侯之所以亲近他，是因为他不吞并别国，如果吞并别国的野心暴露出来，那么各国诸侯就会疏远他了。各国诸侯之所以喜欢他，是因为他和力量匹敌的国家相友好，如果要使让各国诸侯臣服的意图暴露出来，那么各国诸侯就会背离他了。所以，表明自己不会有吞并别国的行为，信守自己和匹敌的国家相友好的原则，天下如果没有成就王业的君主，这奉行霸道的君主就能常常取胜了。这是懂得称霸之道的君主。

齐闵王和他的齐国被五国联军摧毁，齐桓公被鲁庄公的臣子劫持，这没有其他的缘故，就是因为他们实行的不是王道却想靠它来称王。

那些奉行王道的君主并不如此。他的仁爱高于天下各国，道义高于天下各国，威势高于天下各国。仁爱高于各国，所以各国没有谁会不亲近他；道义高于各国，所以各国没有谁会不尊重他；威势高于各国，各国没有谁敢与他为敌。他拿着不可抵挡的威势去辅助使人心悦诚服的

仁义之道，所以不战而胜，不攻而得，不费一兵一卒天下各国就归顺服从了他，这是懂得称王之道的君主。

哪个君主如果懂得了上述或王、或霸、或强的条件，他就会想要称王就称王，想称霸就称霸，想强大就强大。

【原文】

王者之人：飾動以禮義，聽斷以類，明振毫末，舉措應變而不窮。夫是之謂有原。是王者之人也。

王者之制：道不過三代，法不貳後王。道過三代謂之蕩，法貳後王謂之不雅。衣服有制，宫室有度，人徒有數，喪祭械用皆有等宜，聲則凡非雅聲者舉廢，色則凡非舊文者舉息，械用則凡非舊器者舉毀。夫是之謂復古，是王者之制也。

王者之論：無德不貴，無能不官，無功不賞，無罪不罰。朝無幸位，民無幸生。尚賢使能而等位不遺，折愿禁悍而刑罰不過，百姓曉然皆知夫爲善於家而取賞於朝也，爲不善於幽而蒙刑於顯也。夫是之謂定論。是王者之論也。

王者之等賦、政事，財萬物，所以養萬民也。田野什一，關市幾而不征，山林澤梁以時禁發而不稅。相地而衰政，理道之遠近而致貢，通流財物粟米，無有滯留，使相歸移也。四海之内若一家，故近者不隱其能，遠者不疾其勞，無幽閒隱僻之國，莫不趨使而安樂之。夫是之謂人師。是王者之法也。

【译文】

奉行王道的君主，能用礼义来端正自己的行为，按照事物的类别来依法决断政事，明察秋毫，随机应变而不会穷于应付。这就叫做做事有原则。这样的人就是奉行王道的君主。

奉行王道的君主所推行的制度是，政治原则不超出夏、商、周三代，法度不背离当代的帝王。政治原则古得超过了三代便叫做荒诞，法度背离了当代的帝王便叫做不正。衣服随着不同的等级定规格，住房随着不同的等级定标准，随从人员根据不同等级的地位各有一定的数目，丧葬祭祀所使用的器具随不同等级各有相应的规定。音乐不合乎正声雅乐的，全部废除；色彩不合乎正色文彩的，全部禁止；器具不同于历代古制的，全部毁掉。这可以称之谓复古，但这正是奉行王道的君主所推行的制度。

奉行王道的君主对臣民的审察处理是，没德行就不能让他显贵，没才能就不能让他做官，没功劳就不能给他奖赏，没有罪过也不会加以惩罚。朝廷上没有因侥幸而获得的官，百姓中也没有游手好闲而侥幸求生活的民。崇尚贤德，任用才能，授予的级别地位各与德才相当而没有疏

漏；制裁狡诈，禁止凶暴，但施加的刑罚与罪行相当而不过分。普通民众都明明白白地知道，即使在家里积德行善，也能在朝廷上获得奖赏；即使在暗地里为非作歹，也会在光天化日之下受到惩处。这就称之谓制度的确定性。这就是奉行王道的君主对臣民审察处理的举措。

奉行王道的君主会规定好赋税级别，处理好行政事务，管理好天下万物，因为这是用来养育亿万民众的。对于农田，按收入的十分之一征税；对于关卡集市，检查而不征税；对于山林湖泊桥梁，按时封闭开放而不收税。考察土地的肥瘠来分别定等征税，区分道路的远近收取不同数量的贡品。使财货粮米得以流通而没有滞留积压，让各地互通有无来供给对方。四海之内就像一家人一样，所以，近处的人不隐藏自己的才能，远方的人也不厌其劳地愿意为国家奔走，即使是幽远偏僻的国家，也无不乐于前来归附而听从驱使。这种君主可以称之谓人民的师表。这就是奉行王道的君主所实行的法度。

【原文】

北海則有走馬吠犬焉，然而中國得而畜使之。南海則有羽翮、齒革、曾青、丹干焉，然而中國得而財之。東海則有紫、紶、魚、鹽焉，然而中國得而衣食之。西海則有皮革、文旄焉，然而中國得而用之。故澤人足乎木，山人足乎魚；農夫不斲削、不陶冶而足械用，工賈不耕田而足菽粟。故虎豹爲猛矣，然君子剥而用之。

故天之所覆，地之所載，莫不盡其美，致其用，上以飾賢良，下以養百姓而安樂之。夫是之謂大神。《詩》曰：「天作高山，大王荒之；彼作矣，文王康之。」此之謂也。

【译文】

北方地区有善于奔跑的马和善于吠叫的狗，然而中原各国却可以得到并畜养役使它们。南方地区有羽毛、象牙、犀牛皮、曾青、朱砂，然而中原各国却可以得到并使用它们。东海边有紫贝、紶、鱼、盐，然而中原各国却可以得到并穿戴食用它们。西方地区有皮革和色彩斑斓的牦牛尾巴，然而中原各国却可以得到并使用它们。湖边打鱼的人有足够的木材用，山上伐木的人会有足够的鲜鱼吃；农民不砍削、不烧窑冶炼而有方便的器具用，工匠商人不种地而有足够的粮食吃。虎豹要算是凶猛的了，但君子能够剥下它们的皮来用。

所以，苍天所覆盖，大地所承载的所有物品，人没有哪一样不可以充分地享用它们，让它们为人类的生活服务。对上用来装饰贤良的人，对下用来养活普通民众，让人们都能过上安乐的生活。这就叫做大治。《诗经》上说：「天帝创造了高大的岐山，太王让它大发展；太王创造了雄伟的都城，文王让它长保平安。」说的就是这个意思。

【原文】

以類行雜，以一行萬；始則終，終則始，若環之無端也，舍是而天下

以衰矣。天地者，生之始也；禮義者，治之始也；君子者，禮義之始也。爲之，貫之，積重之，致好之者，君子之始也。故天地生君子，君子理天地。君子者，天地之參也，萬物之揔也，民之父母也。無君子則天地不理，禮義無統，上無君師，下無父子，夫是之謂至亂。君臣、父子、兄弟、夫婦，始則終，終則始，與天地同理，與萬世同久，夫是之謂大本。故喪祭、朝聘、師旅一也，貴賤、殺生、與奪一也。君君、臣臣、父父、子子、兄兄、弟弟一也，農農、士士、工工、商商一也。

【译文】

人类根据事物类别来做各种各样的事情，根据统一的名称来指称万事万物；自始至终，从终到始，就像是一个循环着的圆环一样无始无终。如果人类没有分类的概念，社会生活将会衰败得不成体统。天地是生命的开端，礼义是社会秩序的开端，君子是礼义的创造者。他们不仅创造了礼义，而且用礼义来统率天下，文明不断地积累发展，一直发展到今天这么好的人类生活，这都是君子所创造的结果。所以，天地创生了君子，君子反过来又治理了天地万物。君子啊！他们不仅和天地是并列的，而且是万事万物的综合概括者，所以他们是民众的父母。没有君子，天地万物就得不到治理，礼义也就没有头绪，上面没有君主和老师，下面也没有父子的礼仪，那可以说是最大的混乱。君臣父子，兄弟夫妇，他们也是自始至终，从终到始，和天地有上下之分是同样的道理，同千秋万代一样地长久，这可以叫做大根本。所以丧葬祭祀的礼仪，诸侯定期朝见天子的礼仪，军队中的礼仪都有一个同一的道理贯注其间。高贵和卑贱，死亡和生命，给予和褫夺也都有自己深层的一致性。君要像个君，臣要像个臣，父要像个父，子要像个子，兄要像个兄，弟要像个弟，每一种社会角色都有自己的统一标准。农民种庄稼，士人读经典，工人要做工，商人要经商，分工不同，服务于人类生活的道理却是一样的。

【原文】

水火有氣而無生，草木有生而無知，禽獸有知而無義；人有氣、有生、有知，亦且有義，故最爲天下貴也。力不若牛，走不若馬，而牛馬爲用，何也？曰：人能羣，彼不能羣也。人何以能羣？曰：分。分何以能行？曰：義。故義以分則和，和則一，一則多力，多力則彊，彊則勝物。故宮室可得而居也。故序四時，裁萬物，兼利天下。無它故焉，得之分義也。

故人生不能無羣，羣而無分則爭，爭則亂，亂則離，離則弱，弱則不能勝物，故宮室不可得而居也，不可少頃舍禮義之謂也。

能以事親謂之孝，能以事兄謂之弟，能以事上謂之順，能以使下謂之君。君者，善羣也。羣道當則萬物皆得其宜，六畜皆得其長，羣生皆得其命。故養長時則六畜育，殺生時則草木殖，政令時則百姓一，賢良服。

聖王之制也，草木榮華滋碩之時則斧斤不入山林，不夭其生，不絕其長也。黿鼉、魚鱉、鰌鱣孕別之時，罔罟毒藥不入澤，不夭其生，不絕其長也；春耕、夏耘、秋收、冬藏四者不失時，故五穀不絕而百姓有餘食也；汙池、淵沼、川澤謹其時禁，故魚鱉優多而百姓有餘用也；斬伐養長不失其時，故山林不童而百姓有餘材也。

聖王之用也，上察於天，下錯於地，塞備天地之閒，加施萬物之上；微而明，短而長，狹而廣，神明博大以至約。故曰：一與一是爲人者謂之聖人。

【译文】

水火有气却没有生命，草木有生命却没有知觉，禽兽有知觉却不讲道义；人不仅有气，有生命，有知觉，而且讲究道义，所以人是天下最珍贵的存在。人论力气不如牛，论奔跑不如马，但牛马却为人所用，为什么呢？因为人能形成社会群体，而它们却不能形成社会群体。人凭什么就能够结合成社会群体了呢？这是因为人有等级名分。等级名分为什么能得以推行？因为人有道义。所以，人类根据道义确定了名分就能和睦相处，和睦相处就能团结一致，团结一致力量就大，力量大了就强盛，强盛了就能胜过别的事物。正因为如此，人才有可能居住在房屋之中；正因为如此，人才能依次排列四季，管理万事万物，使天下所有人都从其中获益。这一切的一切并没有其他的缘故，而只是得力于人类社会的名分和道义。

人要正常地生活就不能没有社会群体，在社会群体中如果没有等级名分的限定和制约就会发生争夺，一发生争夺就会产生动乱，一产生动乱就会离心离德，人们之间离心离德，力量就会削弱，力量被削弱，就不再能胜过外物。所以，如果人类不能团结一致也就不再能居住在房屋之中了，也就是说，人类社会是不能须臾离开礼义的。

能按礼义侍奉父母叫做孝，能按礼义侍奉兄长叫做悌，能按礼义侍奉君主叫做顺，能按礼义操控臣民叫做君。所谓君，就是善于把人类组织成社会群体的意思。组织社会的原则恰当，万事万物就都能得到合宜的安排，六畜在这种安排中得到生长，各种各样的生物在这种安排中得以维持其生命活动。所以，饲养得适时就会六畜兴旺，砍伐种植适时就会草木繁盛，政策法令适时，民众的生产生活就会协调一致，有德才的人就会乐于为社会服务。

圣王的典章制度是，草木正在开花成长时不准拿着斧头进山砍伐林木，这是为了使林木不夭折，让林木能够不断地生长；鼋鼍鱼鳖、泥鳅鳝鱼等水生动物繁殖时不准往湖泽之中下渔网，投毒药，这也是为了让水生动物的生命不夭折，使水生动物能够不断地成长。春天耕种，夏天锄草，秋天收获，冬天储藏这四件事，都要不失时机，这样才会五谷丰登，民众家家有余粮；池塘水潭，河流湖泊，要细心地规定出禁捞期，这样就会鱼鳖繁多，民众家家有余财；树木的砍伐和培养不错过季节，山林就不会光秃秃的，民众也就会家家都有用不尽的木材。

圣王的作用，对上能够准确地观察到天时历法的变化，对下能安排好土地的开发；圣王的作用充满了天地之间，施加到万物之上；说起来隐微不见而实际上效用明显，认识的时间短暂而一旦获得知识性的真理却又永垂不朽，看起来圣人的生活与众人没有什么不同而实际上他们的心胸却极为广阔。人类文明是如此地神秘光辉，博大精深，但是文明的本质却又是极为简单扼要的。所以说，如果谁能够把文明的精神本质归结为一以贯之的不朽真理从而统驭万物，我们就把他称之谓圣人了。

【原文】

序官：宰爵知賓客、祭祀、饗食、犧牲之牢數。

司徒知百宗、城郭、立器之數。

司馬知師旅、甲兵、乘白之數。

修憲命，審詩商，禁淫聲，以時順修，使夷俗邪音不敢亂雅，大師之事也。

修隄梁，通溝澮，行水潦，安水臧，以時決塞；歲雖凶敗水旱，使民有所耘艾，司空之事也。

相高下，視肥墝，序五種，省農功，謹蓄藏，以時順修，使農夫樸力而寡能，治田之事也。

修火憲，養山林藪澤草木魚鼈百索，以時禁發，使國家足用而財物不屈，虞師之事也。

順州里，定廛宅，養六畜，閒樹藝，勸教化，趨孝弟，以時順修，使百姓順命，安樂處鄉，鄉師之事也。

論百工，審時事，辨功苦，尚完利，便備用，使雕琢文采不敢專造於家，工師之事也。

相陰陽，占祲兆，鑽龜陳卦，主攘擇五卜，知其吉凶妖祥，傴巫、跛擊之事也。

修採清，易道路，謹盜賊，平室律，以時順修，使賓旅安而貨財通，治市之事也。

抃急禁悍，防淫除邪，戮之以五刑，使暴悍以變，姦邪不作，司寇之事也。

本政教，正法則，兼聽而時稽之，度其功勞，論其慶賞，以時慎修，使百吏免盡而衆庶不偷，冢宰之事也。

論禮樂，正身行，廣教化，美風俗，兼覆而調一之，辟公之事也。

全道德，致隆高，綦文理，一天下，振毫末，使天下莫不順比從服，天王

之事也。

故政事亂則冢宰之罪也；國家失俗則辟公之過也；天下不一，諸侯俗反，則天王非其人也。

【译文】

论列各种官员的职责，有如下数种：宰爵掌管接待宾客，并负责在祭祀时供给各种酒食和各种牺牲祭品的数量。

司徒掌管各个宗族的事务，并负责修筑城郭和管理各种器械的数量。

司马掌管军队，并负责铠甲兵器和车马士兵的数量。

修订法令，并依法审查诗歌乐章，禁止淫荡的音乐，根据时势进行整顿，使蛮夷的风俗和淫邪的音乐不敢扰乱正声雅乐，这是太师的职责。

修理堤坝桥梁，疏通排泄沟渠，让水涝的积水顺道而行，修筑巩固水库，根据时节来放水堵水；在旱涝灾害造成歉收饥荒的凶年，也能让民众继续有所耕种和收获，这是司空的职责。

观察地势高低，识别土质的肥沃和贫瘠，合理地安排各种庄稼的种植季节并检查农事，认真储备，根据时节进行整顿，让农民能质朴地安于尽力耕作而不求兼有其他技能，这是农官的职责。

制定禁止焚烧山林的法令，养护山林、湖泊中的草木、鱼鳖，满足人们的各种需求，根据时节决定封山禁捞和开放，让国家有足够用的物资储备而不致匮乏，这是虞师的职责。

治理乡里，划定店铺与民居的不同区域，让农家饲养六畜，熟习种植，劝导人们接受教化，促进人们孝顺父母、敬爱兄长，根据时令进行整顿，让民众服从命令，安乐于乡里的生活，这是乡师的职责。

考查各种工匠的手艺，审察各个时节的生产事宜，辨别产品质量的好坏，提倡产品的完善好用，让各种器具用着方便，雕刻图案和有彩色花纹的礼服不敢在私家制造，这是工师的职责。

观察阴阳的变化，根据天侯预测吉凶，钻灼龟板，排列卦象，掌管驱除不祥、选择吉日以及分析占卜时出现的各种征兆，预见政治生活的吉凶祸福，这是驼背巫婆与瘸腿男巫的职责。

整治厕所，平整道路，严防盗贼，公正地审定市场交易，根据时节进行整顿，保障来往客商的安全并让货物钱财能够流通顺畅，这是市场官员的职责。

制裁狡猾奸诈的人，禁止凶狠强暴的人，防止淫乱，铲除邪恶，用五种刑罚来惩治罪犯，使强暴凶悍的人因此而得到教育改造，奸淫邪恶的事情不再发生，这是司寇的职责。

把政治教化作为治国的根本，端正法律准则，多方听取意见并按时进行考核，评估他们的功劳，论定他们的表奖和赏赐，根据时节谨慎安排工作，让各级官吏恪尽职守，民众不苟且偷安，这是冢宰的职责。

论证礼乐教化的得失，端正自己言传身教，使社会得到美好的道德教化，淳和风俗，普天之下，协调一致，这是诸侯们的职责。

道德完美，境界极高，厘定秩序，统一天下，明察秋毫，让天下无人不心悦诚服，恭敬听命，这是当天子的职责。

所以，政治事务如果出现混乱，那就是冢宰的罪过；家国风俗习惯出现问题，那是诸侯的过错；天下不统一，有诸侯想要谋反，那么，就可能是天子的人选不称职。

【原文】

具具而王，具具而霸，具具而存，具具而亡。用萬乘之國者，威彊之所以立也，名聲之所以美也，敵人之所以屈也，國之所以安危臧否也，制與在此，亡乎人。王、霸、安存、危殆、滅亡，制與在我，亡乎人。夫威彊未足以殆鄰敵也，名聲未足以縣天下也，則是國未能獨立也，豈渠得免夫累乎？天下脅於暴國，而黨爲吾所不欲於是者，日與桀同事同行，無害爲堯，是非功名之所就也，非存亡安危之所墮也。功名之所就，存亡安危之所墮，必將於愉殷赤心之所。誠以其國爲王者之所，亦王；以其國爲危殆滅亡之所，亦危殆滅亡。

殷之日，案以中立無有所偏而爲縱横之事，偃然案兵無動，以觀夫暴國之相卒也；案平政教，審節奏，砥礪百姓；爲是之日，而兵剸天下勁矣。案然修仁義，伉隆高，正法則，選賢良，養百姓，爲是之日，而名聲剸天

下之美矣。權者重之，兵者勁之，名聲者美之。夫堯、舜者，一天下也，不能加毫末於是矣。

權謀傾覆之人退，則賢良知聖之士案自進矣。刑政平，百姓和，國俗節，則兵勁城固，敵國案自詘矣。務本事，積財物，而勿忘棲遲辥越也；是使羣臣百姓皆以制度行，則財物積，國家案自富矣。三者體此天下服，暴國之君案自不能用其兵矣。

何則？彼無與至也。

彼其所與至者，必其民也。其民之親我也歡若父母，好我芳若芝蘭；反顧其上，則若灼黥，若仇讎。彼人之情性也雖桀、跖，豈有肯爲其所惡賊其所好者哉！彼以奪矣。故古之人有以一國取天下者，非往行之也，修政其所莫不願，如是而可以誅暴禁悍矣。故周公南征而北國怨，曰：「何獨不來也？」東征而西國怨，曰：「何獨後我也？」孰能有與是鬭者與？安以其國爲是者王。

【译文】

具备了相应的条件能称王，具备了相应的条件可称霸，具备了相应的条件能存国，具备了相应的条件国家亡。治理万辆兵车的大国的君主，他威武强大的地位之所以得以确立，名声之所

以美好，敌人之所以屈服，国家之所以又安全又好，关键都取决于自己而不是别人。你是想称王，还是想称霸，还是只图个安稳生存，甚或想要让自己的国家危险灭亡，关键都取决于自己而不是取决于别人。如果威武强大的程度还不足以让邻国发生危险，名声还不足以让天下人挂在嘴边念念不忘，这样的国家也就还不能以特异的姿态耸立于天下，哪里能够免除日患夜忧呢？天下被强暴的国家所威胁，如果这局面并不是我所想要的，而是迫不得已不得不天天和夏桀那样的暴君一起做事，一起行动，即使不妨碍自己在道德上仍然能够成为像尧帝那样的贤君，却也决不是成就功名的时候，决不是自己想长治久安就长治久安，自己想不危亡就不危亡的时候。功名的建立，长治久安盛世的如愿到来，一定要取决于自己心情愉快地把一颗赤诚之心专注于自己国家的强盛之时。如果真心诚意地想要把自己的国家变成王道乐土，你就能够真的称王天下；如果想要把自己的国家搞到危亡的境地，那也就一定会国危家亡。

在富强的时候，要采取中立而不偏不倚的态度，不要纵横捭阖地搞阴谋外交，要偃旗息鼓，按兵不动，静观那些残暴的国家相互争斗。对内要搞好管理和教化，审察礼节制度，磨炼广大民众。做好了以上的内政外交，军队就是普天下最为威武雄壮的了。如果能够彻底地奉行仁义之道，达到崇高的境界，修正法律条令，选拔贤才良将，让百姓休养生息，到了那一天，国家的名声就是天下最美好的。权势要让它举足轻重，军队要让它强劲有力，名声要让它美好无比。于是，即使像尧、舜那样统一了天下的人，也无法在这三个方面再有任何的超越了。

一旦玩弄权术阴谋，专搞倾轧陷害的小人被废黜，贤能善良明智圣哲的君子自然就会不期而至。一旦刑法政令公正公平，老百姓们和睦协调，国家的风俗节俭淳朴，兵力就强大，城防就坚固，敌国就会自然屈服。致力于农业生产，注意积聚财物，且不胡乱地糟蹋浪费，到处乱扔；一旦群臣百姓都学会按制度办事，财物就能积累，国家就自然会富足。如果能把以上的三个方面都做到，普天下都会服服帖帖地顺从我们，强暴之国的君主自然而然地就没办法对我们发动进攻了。

为什么呢？因为他已经没有办法有效地动员自己的军队和民众发动进攻了。

他们带来的部队和后备力量来到我们的国家，那些人一定都是他统治下的民众。但现在他的民众会亲近我们，就像喜欢自己的父母那样；那些人热爱我们的国家，就像酷爱芳香的芝兰一样。再回头看看他们的国君，却好像看到了烧烤他们皮肤，给他们脸上刺字涂墨的行刑手一样；像是看到了自己的仇人一样。人的本性即使像夏桀、盗跖那样的坏，也不至于坏到为了自己所憎恶的人而去残害他所喜爱的人呀！也就是说，他们的国民已经全部被我们在心理上争取过来了。所以，古代有凭借一国来夺取天下的人，他们并不是前往别国掠夺，而是在自己的国内把自己的事情做好，结果是所有他国的人都羡慕这种生活。到了这种程度，就可以在普天下铲除强暴制止凶悍了。所以周公向南征伐，北方的国家会抱怨：「为什么偏偏不到我们这里来呢？」向东征伐，西面的国家都抱怨：「为什么单单把我们放在后面呢？」哪里会有和这样的国家进行作战的人呢？

安安生生从从容容地把自己的国家搞成上述样子的君主，就能称王天下。

【原文】

殷之日，安以靜兵息民，慈愛百姓，辟田野，實倉廩，便備用，安謹募選閲材伎之士；然後漸賞慶以先之，嚴刑罰以防之，擇士之知事者使相率貫也，是以厭然畜積修飾而物用之足也。兵革器械者，彼將日日暴露毁折之中原我今將修飾之，拊循之，掩葢之於府庫。貨財粟米者，彼將日日棲遲薛越之中野；我今將畜積並聚之於倉廩；材技股肱、健勇爪牙之士，彼將日日挫頓竭之於仇敵，我今將來致之、並閲之、砥礪之於朝廷。如是，則彼日積敝，我日積完；彼日積貧，我日積富；彼日積勞，我日積佚。君臣上下之閒者，彼將厲厲焉日日相離疾也，我今將頓頓焉日日相親愛也，以是待其敝。安以其國爲是者霸。

立身則從傭俗，事行則遵傭故，進退貴賤則舉傭士，之所以接下之人百姓者則庸寬惠，如是者則安存。

立身則輕楛，事行則蠲疑，進退貴賤則舉佞侻，之所以接下之人百姓者則好取侵奪，如是者危殆。

立身則憍暴，事行則傾覆，進退貴賤則舉幽險詐故，之所以接下之人百姓者，則好用其死力矣，而慢其功勞，好用其籍斂矣，而忘其本務，如是者滅亡。

此五等者，不可不善擇也。王、霸、安存、危殆、滅亡之具也。善擇者制人，不善擇者人制之；善擇之者王，不善擇之者亡。夫王者之與亡者，制人之與人制之也，是其爲相縣也亦遠矣。

【译文】

在国家富强的情况下，要按兵不动，与民休息，慈爱百姓，开垦田野，充实粮仓，改进设备器用，谨慎而严格地招募、选拔、接纳搜求有才能有技艺的士人；然后日益加重奖赏、表彰引导他们，严格刑罚防范他们，挑选士人中明白事理的人领导并使他们成为有组织的团队；于是就会人人泰然自若地积蓄粮食财物，修理改进兵器用具，使得国家十分富裕而充实。武器装备之类，别国天天丢弃毁坏，到处乱扔；我们现在则开始修理改进，爱护保养，悄悄地收藏在国库。财物粮食之类，别国天天遗弃散落在野地里，我们现在则储藏积累并集中在国库里。有才能有技艺的人，辅佐大臣和健壮勇敢的将士，别国天天让他们在敌人面前受折磨，遭困顿，被消耗；我们现在则在朝中招募他们，容纳他们，锻炼他们。这样长此以往，别的国家一天天越来越破败，我们则一天天越来越完美；别的国家一天天越来越贫穷，我们则一天天越来越富裕；他们一天天越来越劳苦，我们则一天天越来越安逸。君臣上下之间，别的国家是恶狠狠地一天天相互

疏远和怨恨，我们则诚心诚意地一天比一天更加相亲相爱，以此来等待他国的疲敝和衰败。把自己的国家搞成这样的君主，就能称霸诸侯。

做人方面遵循一般的风俗习惯，做事方面遵循日常的成规旧例，在用人方面，不管是任用还是罢免，提升还是贬黜，都要在普通人中间进行提拔，之所以这样做，是因为下面上来的人接近群众，为人也容易宽容仁爱，这样的国家则只能够做到安然地生存下来。

做人方面轻佻而顽劣，做事方面则肆无忌惮，鲁莽从事；在用人方面，不管是任用还是罢免，提升还是贬黜，只是提拔那些巧言令色的人，之所以这样做的结果，他对待下面的普通群众则是热衷于勒索侵占和掠夺，这样做的国家，就会危机四伏，疲惫不堪。

做人方面骄傲暴虐，做事则搞倾轧破坏那一套，在用人方面，不管是任用还是罢免，提升还是贬黜，净是提拔那些阴险巧诈的人，之所以这样做的结果，他对待下面的普通群众，会总是喜欢利用民众为自己卖命出力，而不会把民众的劳苦放在心上，只喜欢利用民众缴纳税收，而不管他们的本业是否有成效，这样做的国家就会灭亡。

以上这五种不同的做法，是不能不好好加以选择的。这些都是或称王、或称霸、或安存、或危险乃至灭亡的条件。善于选择的就能制服别人；不善于选择的就会被别人所制服；善于选择的就能称王天下；不善于选择的就会灭亡。在称王和灭亡、制服别人和被人制服之间，它们的差距也是十分地遥远。